E-DEMOCRATIE :

Repenser la participation citoyenne à l'ère numérique

J.THIBAUT

DÉDICACE

À Jade, milann

E-DEMOCRATIE :
Repenser la participation citoyenne à l'ère numérique

E-DEMOCRATIE :
Repenser la participation citoyenne à l'ère numérique

TABLE DES MATIÈRES

E-DEMOCRATIE :
Repenser la participation citoyenne à l'ère numérique

Préface

Nous vivons à une époque passionnante, où les technologies numériques transforment tous les aspects de notre vie quotidienne et redéfinissent notre manière de communiquer, d'apprendre et de travailler. Dans ce contexte, il est naturel que la démocratie, en tant que pilier de nos sociétés, évolue également pour embrasser ces changements et exploiter le potentiel offert par le numérique. C'est ainsi que naît l'e-démocratie, un concept qui promet d'ouvrir de nouvelles voies pour la participation citoyenne et la transparence gouvernementale.

Ce livre a pour objectif d'explorer les diverses dimensions de l'e-démocratie, en présentant les principes et les valeurs qui la sous-tendent, les acteurs impliqués et les technologies numériques qui la rendent possible. Nous avons rassemblé des exemples du monde entier, afin de montrer comment les différentes régions abordent et adoptent l'e-démocratie dans le cadre de leurs traditions politiques et culturelles.

Au fil des pages, vous découvrirez non seulement les opportunités offertes par l'e-démocratie, mais aussi les défis et les enjeux auxquels elle doit faire face, tels que la fracture numérique, la sécurité des données et la désinformation. Nous souhaitons offrir un regard équilibré et nuancé sur l'e-démocratie, afin de permettre aux lecteurs de comprendre ses avantages tout en restant conscients des obstacles qu'elle doit surmonter pour réaliser pleinement son potentiel.

Enfin, nous espérons que ce livre servira de guide et d'inspiration pour les citoyens, les décideurs politiques, les chercheurs et les acteurs de la société civile qui souhaitent comprendre et contribuer au développement de l'e-démocratie. Nous pensons que le numérique peut jouer un rôle majeur dans le renforcement de nos systèmes démocratiques, mais seulement si nous le faisons de manière responsable, éthique et inclusive. C'est à nous tous de relever ce défi et de bâtir un avenir démocratique plus fort, plus ouvert et plus juste. Bienvenue dans le monde passionnant de l'e-démocratie. Bonne lecture

E-DEMOCRATIE :
Repenser la participation citoyenne à l'ère numérique

E-DEMOCRATIE :
Repenser la participation citoyenne à l'ère numérique

1 INTRODUCTION

1.1 Contexte historique et évolution de la démocratie

La démocratie est un système politique et social qui a évolué au fil du temps. Pour mieux comprendre l'e-démocratie, il est essentiel de connaître l'histoire de la démocratie et son évolution.

1.1.1 Les origines de la démocratie

La démocratie trouve ses origines dans la Grèce antique, notamment à Athènes au Ve siècle av. J.-C. Le mot "démocratie" est dérivé des termes grecs "demos" (peuple) et "kratos" (pouvoir), signifiant littéralement le pouvoir du peuple. Les citoyens athéniens prenaient part directement aux décisions politiques lors d'assemblées publiques, ce qui est considéré comme l'un des premiers exemples de démocratie directe.

1.1.2 La démocratie moderne

La démocratie moderne a émergé à la suite des révolutions américaine et française au XVIIIe siècle, qui ont renversé les régimes monarchiques et établi des républiques fondées sur des principes démocratiques. Les idées des philosophes des Lumières, tels que John Locke, Montesquieu et Jean-Jacques Rousseau, ont influencé la création de constitutions garantissant les droits de l'homme et la séparation des pouvoirs. La démocratie moderne repose généralement sur la démocratie représentative, où les citoyens élisent des représentants pour prendre des décisions politiques en leur nom.

1.1.3 L'expansion et la diversification de la démocratie

Au cours du XXe siècle, la démocratie s'est étendue et diversifiée, avec l'adoption de constitutions démocratiques dans de nombreux pays et la transition pacifique du pouvoir à travers des élections régulières. Des formes de démocratie participative, telles que les référendums, les initiatives populaires et les assemblées citoyennes, ont également gagné en popularité. Ces mécanismes permettent aux citoyens de s'impliquer directement dans le processus décisionnel, complétant ainsi la démocratie représentative.

1.1.4   La démocratie à l'ère de la globalisation

La fin du XXe siècle et le début du XXIe siècle ont été marqués par la globalisation, l'émergence des organisations internationales et la montée en puissance des réseaux de communication. Ces changements ont eu un impact sur la démocratie, avec de nouvelles questions concernant la souveraineté nationale, la gouvernance mondiale et la participation citoyenne. Les défis du XXIe siècle, tels que le changement climatique, les migrations et les inégalités, exigent une coopération internationale et des réponses démocratiques adaptées.

C'est dans ce contexte historique et évolutif que l'e-démocratie émerge, offrant de nouvelles opportunités pour repenser la participation citoyenne et adapter la démocratie aux défis du XXIe siècle.

1.2 L'émergence de l'e-démocratie

L'e-démocratie, également connue sous le nom de démocratie numérique ou démocratie en ligne, est une forme de démocratie qui utilise les technologies de l'information et de la communication (TIC) pour faciliter et renforcer la participation citoyenne aux processus politiques et décisionnels. L'émergence de l'e-démocratie est étroitement liée à plusieurs facteurs clés, que nous explorerons dans cette section.

1.2.1 La révolution numérique

L'essor de l'internet, des Smartphones et des médias sociaux a radicalement transformé la manière dont les individus communiquent, s'informent et interagissent. Ces technologies ont également modifié la façon dont les citoyens s'engagent dans les processus politiques et démocratiques. Les gouvernements, les partis politiques et les mouvements sociaux ont dû s'adapter à ces changements, en développant de nouvelles stratégies et outils pour communiquer avec les citoyens et les impliquer dans les affaires publiques.

1.2.2 L'évolution des attentes citoyennes

La révolution numérique a également modifié les attentes des citoyens en matière de démocratie et de gouvernance. Les individus, habitués à interagir instantanément avec des informations et des services en ligne, attendent désormais une plus grande transparence, réactivité et accessibilité de la part de leurs représentants politiques et des institutions publiques. De plus, les citoyens cherchent à avoir un impact direct sur les décisions qui les concernent, ce qui a conduit à une demande croissante de mécanismes de démocratie participative et délibérative en ligne.

1.2.3 L'innovation dans la gouvernance

Face à ces nouvelles attentes, les gouvernements et les institutions ont commencé à explorer de nouvelles formes de gouvernance et de participation citoyenne en utilisant les technologies numériques. Des initiatives telles que les plateformes de consultation en ligne, les pétitions électroniques, les forums de discussion et les sondages interactifs ont été mises en place pour faciliter la communication entre les décideurs et les citoyens. De plus, des expérimentations dans le domaine de la démocratie délibérative, telles que les assemblées citoyennes en ligne et les panels de consensus, ont été menées pour améliorer la qualité et la légitimité des décisions politiques.

1.2.4 Les défis et les opportunités de l'e-démocratie

L'émergence de l'e-démocratie soulève plusieurs défis et opportunités pour la démocratie et la gouvernance. D'une part, les technologies numériques offrent des possibilités inédites pour accroître la transparence, l'efficacité et l'inclusivité des processus politiques et décisionnels. Les citoyens peuvent désormais accéder facilement aux informations publiques, exprimer leurs opinions et collaborer avec d'autres pour résoudre des problèmes communs. Les gouvernements, quant à eux, peuvent utiliser les données et les analyses en temps réel pour améliorer leurs politiques et leur prise de décision.

D'autre part, l'e-démocratie présente également des risques et des défis importants. La sécurité et la confidentialité des données sont des préoccupations majeures, en particulier en ce qui concerne les élections en ligne et les plateformes de participation citoyenne. De plus, l'essor des fake news et de la désinformation menace la qualité du débat public et la confiance dans les institutions démocratiques. Enfin, l'inclusion numérique demeure un enjeu crucial, car de nombreux citoyens n'ont toujours pas accès aux technologies et aux compétences nécessaires pour participer pleinement à l'e-démocratie.

En conclusion, l'émergence de l'e-démocratie est étroitement liée à la révolution numérique, l'évolution des attentes citoyennes et l'innovation dans la gouvernance. Les technologies de l'information et de la communication offrent des opportunités et des défis pour repenser la démocratie et adapter les processus politiques et décisionnels aux exigences du XXIe siècle. Pour tirer pleinement parti de l'e-démocratie, il est crucial de surmonter les défis liés à la sécurité, la confidentialité, la désinformation et l'inclusion numérique, tout en exploitant les potentialités des technologies pour renforcer la participation citoyenne, la transparence et la responsabilité.

Dans les chapitres suivants, nous examinerons les principes et valeurs de l'e-démocratie, les acteurs impliqués, les outils et méthodes disponibles pour promouvoir la participation citoyenne en ligne, ainsi que les enjeux et défis auxquels l'e-démocratie doit faire face. Nous explorerons également les expériences internationales d'e-démocratie et les perspectives d'avenir pour ce domaine en constante évolution.

2 LES FONDEMENTS DE L'E-DEMOCRATIE

2.1 Principes et valeurs de l'e-démocratie

L'e-démocratie repose sur un ensemble de principes et de valeurs fondamentales qui visent à renforcer la démocratie et à promouvoir une participation citoyenne plus active et inclusive. Dans cette section, nous explorerons les principaux principes et valeurs de l'e-démocratie.

2.1.1 Transparence

La transparence est un principe essentiel de l'e-démocratie, car elle garantit l'accès des citoyens aux informations concernant les processus politiques et décisionnels. Les gouvernements et les institutions sont encouragés à partager des informations sur leurs actions, leurs budgets, leurs politiques et leurs décisions, afin que les citoyens puissent les examiner et les évaluer. La transparence permet également de prévenir la corruption et de renforcer la confiance dans les institutions démocratiques.

2.1.2 Accessibilité

L'accessibilité est un autre principe clé de l'e-démocratie, qui vise à garantir que tous les citoyens, indépendamment de leur situation géographique, socioéconomique ou éducative, puissent participer aux processus politiques et décisionnels. Les gouvernements et les institutions doivent s'efforcer de fournir des outils numériques et des ressources qui sont faciles à utiliser et à comprendre, et qui prennent en compte les besoins des personnes handicapées ou ayant des compétences numériques limitées. L'accessibilité implique également de combattre la fracture numérique en promouvant l'accès à l'Internet et aux technologies de l'information pour tous les citoyens.

2.1.3 Participation

La participation citoyenne est au cœur de l'e-démocratie. Les technologies numériques offrent de nouvelles opportunités pour les citoyens de s'impliquer activement dans les processus politiques et décisionnels, que ce soit en exprimant leurs opinions, en votant, en délibérant sur des problèmes publics ou en collaborant avec d'autres pour résoudre des défis communs. Les gouvernements et les institutions sont encouragés à créer des espaces en ligne où les citoyens peuvent participer et contribuer à la prise de décision.

2.1.4 Responsabilité

La responsabilité est un principe essentiel de l'e-démocratie, car elle garantit que les décideurs politiques et les institutions sont tenus de rendre compte de leurs actions et de leurs décisions. Les technologies numériques peuvent faciliter la responsabilité en permettant aux citoyens de surveiller et d'évaluer la performance des gouvernements et des représentants élus, ainsi qu'en fournissant des mécanismes pour signaler les abus de pouvoir ou la corruption. La responsabilité implique également la mise en place de systèmes pour assurer que les commentaires et les contributions des citoyens sont pris en compte et influencent réellement les décisions politiques et les actions gouvernementales.

2.1.5 Égalité

L'égalité est un principe fondamental de l'e-démocratie, car elle vise à garantir que tous les citoyens ont les mêmes chances de participer et d'influencer les processus politiques et décisionnels, indépendamment de leur statut social, économique, culturel ou de genre. Les gouvernements et les institutions doivent s'efforcer d'éliminer les obstacles à la participation et de favoriser une représentation équilibrée des différents groupes de la société dans les processus d'e-démocratie.

2.1.6 Démocratie délibérative

La démocratie délibérative est une valeur centrale de l'e-démocratie, car elle met l'accent sur le dialogue, le débat et la réflexion collective pour parvenir à des décisions politiques plus éclairées et légitimes. Les technologies numériques offrent des possibilités uniques pour faciliter la délibération en ligne, en créant des espaces où les citoyens peuvent échanger des idées, écouter les opinions des autres et construire un consensus sur des problèmes publics. Les gouvernements et les institutions sont encouragés à promouvoir la démocratie délibérative en mettant en place des forums en ligne, des assemblées citoyennes virtuelles et d'autres mécanismes pour encourager la réflexion collective et le dialogue.

2.1.7   Protection de la vie privée et sécurité

La protection de la vie privée et la sécurité sont des principes cruciaux pour l'e-démocratie, car elles garantissent la confidentialité des informations personnelles des citoyens et la sûreté des processus politiques en ligne. Les gouvernements et les institutions doivent mettre en place des politiques et des mesures de sécurité appropriées pour protéger les données sensibles et prévenir les cyberattaques, la fraude électorale et d'autres menaces potentielles.

En résumé, les principes et valeurs de l'e-démocratie comprennent la transparence, l'accessibilité, la participation, la responsabilité, l'égalité, la démocratie délibérative, ainsi que la protection de la vie privée et la sécurité. Ces principes guident le développement et la mise en œuvre des initiatives d'e-démocratie et visent à renforcer la démocratie en facilitant une participation citoyenne plus active, inclusive et éclairée. Pour réaliser pleinement le potentiel de l'e-démocratie, il est essentiel que les gouvernements, les institutions et les citoyens travaillent ensemble pour promouvoir et respecter ces principes et valeurs, tout en abordant les défis et les obstacles qui peuvent survenir.

Dans les sections suivantes, nous explorerons les différents acteurs impliqués dans l'e-démocratie, les outils et méthodes disponibles pour faciliter la participation citoyenne en ligne, ainsi que les enjeux et défis auxquels l'e-démocratie doit faire face. Nous examinerons également les expériences internationales d'e-démocratie et les perspectives d'avenir pour ce domaine en constante évolution.

2.2 Les technologies numériques au service de la démocratie

Les technologies numériques jouent un rôle crucial dans la promotion et le développement de l'e-démocratie. Elles offrent une variété d'outils et de méthodes pour faciliter la participation citoyenne, améliorer la transparence et la responsabilité, et renforcer la démocratie délibérative. Dans cette section, nous examinerons quelques-unes des technologies et des approches clés utilisées dans l'e-démocratie.

2.2.1 Plateformes de consultation et de participation en ligne

Les plateformes de consultation et de participation en ligne sont des espaces numériques où les citoyens peuvent exprimer leurs opinions, débattre de questions publiques et proposer des solutions. Ces plateformes peuvent prendre diverses formes, telles que les sondages en ligne, les forums de discussion, les pétitions électroniques et les assemblées citoyennes virtuelles. Les gouvernements et les institutions utilisent ces plateformes pour recueillir les commentaires des citoyens, informer leurs décisions et promouvoir la démocratie participative.

2.2.2 Réseaux sociaux et médias numériques

Les réseaux sociaux et les médias numériques sont des outils puissants pour la diffusion d'informations et la mobilisation des citoyens autour de questions politiques et sociales. Les gouvernements, les partis politiques, les organisations de la société civile et les citoyens utilisent ces plateformes pour communiquer, s'informer et organiser des campagnes et des manifestations. Toutefois, les réseaux sociaux présentent également des défis, tels que la désinformation, la polarisation et les atteintes à la vie privée.

2.2.3 Systèmes de vote électronique

Les systèmes de vote électronique sont des technologies qui

permettent aux citoyens de voter en ligne ou à l'aide de machines électroniques lors d'élections et de référendums. Le vote électronique peut faciliter la participation électorale, réduire les coûts et améliorer la précision et la rapidité du dépouillement des votes. Cependant, la sécurité et l'intégrité des systèmes de vote électronique sont des préoccupations majeures, et des mesures rigoureuses doivent être mises en place pour prévenir les cyberattaques et la fraude électorale.

2.2.4   Open data et gouvernement ouvert

L'open data (données ouvertes) et le gouvernement ouvert sont des approches qui visent à améliorer la transparence, la responsabilité et la collaboration entre les gouvernements, les citoyens et les organisations de la société civile. Les gouvernements qui adoptent ces approches s'engagent à partager des données et des informations publiques sous des formats accessibles et réutilisables, et à impliquer les citoyens dans la conception, la mise en œuvre et l'évaluation des politiques publiques.

2.2.5   Intelligence artificielle et analyse de données

L'intelligence artificielle (IA) et l'analyse de données sont des technologies qui peuvent être utilisées pour améliorer la prise de décision et l'efficacité des processus démocratiques. Par exemple, les algorithmes d'IA peuvent aider à analyser les commentaires et les préférences des citoyens exprimés sur les plateformes de consultation en ligne, à identifier les tendances et les problèmes émergents, et à faciliter la prise de décision fondée sur des données. L'analyse de données peut également aider les gouvernements à évaluer l'impact de leurs politiques et à adapter leurs actions en conséquence. Toutefois, l'utilisation de l'IA et de l'analyse de données soulève des questions éthiques et de respect de la vie privée, et il est crucial de mettre en place des mécanismes de contrôle et de responsabilité pour prévenir les abus.

2.2.6   Technologies de délibération en ligne

Les technologies de délibération en ligne facilitent la discussion et le débat entre les citoyens sur des questions publiques, en mettant l'accent sur l'écoute, le respect et la recherche de consensus. Ces technologies incluent des plateformes de discussion en ligne, des forums de débat structurés, des assemblées citoyennes virtuelles et des outils de délibération assistée par ordinateur. Les gouvernements et les institutions peuvent utiliser ces technologies pour encourager la démocratie délibérative et améliorer la qualité et la légitimité des décisions politiques.

En résumé, les technologies numériques offrent un large éventail d'outils et de méthodes pour soutenir et améliorer la démocratie. Ces technologies peuvent faciliter la participation citoyenne, la transparence, la responsabilité et la délibération, tout en aidant les gouvernements et les institutions à prendre des décisions éclairées et efficaces. Toutefois, il est important de reconnaître les défis et les risques associés à l'utilisation des technologies numériques dans la démocratie et de mettre en place des mécanismes pour garantir leur utilisation éthique et responsable.

3 LES ACTEURS DE L'E-DEMOCRATIE

3.1 Les citoyens

Les citoyens sont au cœur de l'e-démocratie, car ils sont les acteurs principaux de la participation et de l'engagement démocratiques en ligne. Les technologies numériques offrent aux citoyens de nouvelles opportunités pour s'impliquer dans les processus politiques et décisionnels, pour s'informer et pour faire entendre leur voix. Dans cette section, nous examinerons le rôle des citoyens dans l'e-démocratie et comment ils peuvent tirer parti des technologies numériques pour renforcer leur engagement démocratique.

3.1.1 S'informer

Les citoyens ont besoin d'informations fiables et pertinentes pour participer efficacement à la démocratie. Les technologies numériques offrent un accès rapide et facile à une multitude de sources d'information, y compris les sites Web gouvernementaux, les médias d'information, les réseaux sociaux et les blogs. Les citoyens peuvent utiliser ces ressources pour se tenir informés des développements politiques, comprendre les enjeux et les débats, et développer des opinions éclairées. Cependant, il est crucial pour les citoyens de développer des compétences en matière de littératie numérique et de pensée critique pour distinguer les sources fiables et crédibles de la désinformation et des fausses nouvelles qui peuvent proliférer en ligne.

3.1.2 Participer aux processus politiques et décisionnels

L'e-démocratie offre aux citoyens diverses possibilités de participer aux processus politiques et décisionnels. Les citoyens peuvent utiliser les plateformes de consultation en ligne pour exprimer leurs opinions, proposer des idées et contribuer au développement de politiques publiques. Ils peuvent également participer à des forums de débat en ligne, des assemblées citoyennes virtuelles et des sondages pour échanger des idées et délibérer sur des questions publiques. En outre, les citoyens peuvent utiliser les réseaux sociaux et les médias numériques pour mobiliser le soutien et l'attention autour de causes ou de campagnes politiques.

3.1.3   Voter et s'engager dans le processus électoral

Les technologies numériques offrent également aux citoyens de nouvelles possibilités pour s'engager dans le processus électoral. Les systèmes de vote électronique peuvent faciliter l'accès aux urnes pour les citoyens qui ne peuvent pas se rendre physiquement dans un bureau de vote, et les plateformes en ligne peuvent fournir des informations sur les candidats, les partis politiques et les enjeux électoraux. Les citoyens peuvent également utiliser les réseaux sociaux et les médias numériques pour partager leurs opinions et soutenir les candidats de leur choix, ainsi que pour encourager d'autres personnes à voter.

3.1.4   Collaborer avec d'autres citoyens

Les technologies numériques permettent aux citoyens de se connecter et de collaborer avec d'autres personnes partageant les mêmes idées, à l'échelle locale, nationale et même internationale. Les citoyens peuvent utiliser les réseaux sociaux, les forums en ligne et les plateformes de collaboration pour partager des informations, des ressources et des idées, et pour travailler ensemble sur des projets ou des initiatives communs. Cette collaboration peut renforcer la participation citoyenne et favoriser la résolution de problèmes et l'innovation dans les processus démocratiques.

3.1.5   Responsabiliser les gouvernements et les élus

Enfin, les citoyens ont un rôle important à jouer dans la responsabilisation des gouvernements et des élus. Les technologies numériques facilitent la surveillance et l'évaluation de la performance des représentants et des institutions, en permettant aux citoyens d'accéder à des données et des informations sur les décisions politiques, les dépenses publiques et les résultats. Les citoyens peuvent utiliser ces informations pour demander des comptes aux responsables politiques et pour exiger la transparence et la responsabilité dans la gouvernance.

En résumé, les citoyens jouent un rôle central dans l'e-démocratie en tant qu'acteurs clés de la participation et de l'engagement démocratiques en ligne. Les technologies numériques offrent aux citoyens de nouvelles opportunités pour s'informer, participer aux processus politiques et décisionnels, voter et s'engager dans le processus électoral, collaborer avec d'autres citoyens et responsabiliser les gouvernements et les élus. Il est essentiel que les citoyens développent des compétences en matière de littératie numérique et de pensée critique pour tirer pleinement parti des possibilités offertes par l'e-démocratie et contribuer à renforcer la démocratie dans l'ère numérique.

3.2 Les gouvernements et les institutions

Les gouvernements et les institutions ont un rôle crucial à jouer dans la promotion et la mise en œuvre de l'e-démocratie. Ils sont responsables de la création d'un environnement propice à la participation citoyenne en ligne, de la mise à disposition d'outils et de ressources pour faciliter l'engagement démocratique, et de la prise en compte des contributions des citoyens dans le processus décisionnel. Dans cette section, nous examinerons le rôle des gouvernements et des institutions dans l'e-démocratie et comment ils peuvent utiliser les technologies numériques pour renforcer la démocratie.

3.2.1 Favoriser un environnement propice à l'e-démocratie

Les gouvernements et les institutions ont la responsabilité de créer un environnement propice à l'e-démocratie en garantissant un accès universel et équitable aux technologies numériques, en promouvant la littératie numérique et la pensée critique, et en assurant la protection des droits et des libertés en ligne. Cela implique des investissements dans les infrastructures numériques, l'éducation et la formation, ainsi que la mise en place de politiques et de régulations pour préserver la neutralité du net, la vie privée et la sécurité en ligne.

3.2.2 Mise à disposition d'outils et de ressources pour la participation citoyenne

Les gouvernements et les institutions doivent mettre à disposition des outils et des ressources pour faciliter la participation citoyenne en ligne. Cela peut inclure la création de plateformes de consultation en ligne, la mise en place de systèmes de vote électronique, et la promotion de l'utilisation des réseaux sociaux et des médias numériques pour l'engagement démocratique. Les gouvernements et les institutions doivent également veiller à ce que ces outils et ressources soient accessibles, conviviaux et adaptés aux besoins des citoyens.

3.2.3 Intégration des contributions des citoyens dans le processus décisionnel

Les gouvernements et les institutions doivent s'efforcer d'intégrer les contributions des citoyens recueillies grâce aux technologies numériques dans le processus décisionnel. Cela implique d'être à l'écoute des opinions et des préoccupations exprimées par les citoyens, de les prendre en compte lors de l'élaboration des politiques publiques, et de communiquer clairement comment ces contributions ont influencé les décisions prises. En intégrant les contributions des citoyens, les gouvernements et les institutions peuvent renforcer la légitimité et la responsabilité démocratiques.

3.2.4 Promouvoir la transparence et la responsabilité

Les gouvernements et les institutions doivent utiliser les technologies numériques pour promouvoir la transparence et la responsabilité dans leurs actions et leurs décisions. Cela peut inclure la publication de données ouvertes, la mise en place de systèmes de suivi et d'évaluation en ligne, et la facilitation de l'accès à l'information sur les politiques publiques, les dépenses et les résultats. En étant transparents et responsables, les gouvernements et les institutions peuvent renforcer la confiance des citoyens et encourager une plus grande participation démocratique.

En résumé, les gouvernements et les institutions ont un rôle crucial à jouer dans la promotion et la mise en œuvre de l'e-démocratie. Ils doivent créer un environnement propice à la participation citoyenne en ligne, fournir des outils et des ressources pour faciliter l'engagement démocratique, intégrer les contributions des citoyens dans le processus décisionnel et promouvoir la transparence et la responsabilité. En utilisant les technologies numériques de manière efficace et responsable, les gouvernements et les institutions peuvent renforcer la démocratie et mieux répondre aux besoins et aux attentes des citoyens dans l'ère numérique.

3.3 Les organisations non gouvernementales et les groupes de pression

Les organisations non gouvernementales (ONG) et les groupes de pression jouent également un rôle important dans l'e-démocratie en mobilisant et en soutenant la participation citoyenne, en plaidant pour des politiques et des réformes, et en surveillant et en responsabilisant les gouvernements et les institutions. Les technologies numériques offrent de nouvelles opportunités pour ces organisations pour mener à bien leurs missions et avoir un impact sur la démocratie. Dans cette section, nous examinerons le rôle des ONG et des groupes de pression dans l'e-démocratie et comment ils peuvent utiliser les technologies numériques pour renforcer leur impact.

3.3.1 Mobiliser et soutenir la participation citoyenne

Les ONG et les groupes de pression peuvent utiliser les technologies numériques pour mobiliser et soutenir la participation citoyenne en ligne. Cela peut inclure l'utilisation des réseaux sociaux et des médias numériques pour diffuser des informations, promouvoir des causes et des campagnes, et engager les citoyens dans des actions collectives. Les organisations peuvent également utiliser des plateformes en ligne pour faciliter la collaboration entre les citoyens, partager des ressources et des idées, et organiser des événements et des activités en ligne. En mobilisant et en soutenant la participation citoyenne, les ONG et les groupes de pression peuvent contribuer à renforcer l'engagement démocratique et l'impact des citoyens sur les processus politiques et décisionnels.

3.3.2 Plaidoyer pour des politiques et des réformes

Les ONG et les groupes de pression peuvent utiliser les technologies numériques pour plaider en faveur de politiques et de réformes spécifiques, en utilisant des plateformes en ligne pour diffuser leurs messages, partager des recherches et des analyses, et mobiliser le soutien des citoyens et des décideurs. Les technologies numériques peuvent également aider les organisations à recueillir des données et des informations pour soutenir leurs arguments et à suivre et évaluer l'impact de leurs efforts de plaidoyer.

3.3.3 Surveiller et responsabiliser les gouvernements et les institutions

Les ONG et les groupes de pression ont un rôle important à jouer dans la surveillance et la responsabilisation des gouvernements et des institutions. Les technologies numériques offrent de nouvelles opportunités pour ces organisations de suivre les actions et les décisions des gouvernements et des institutions, d'évaluer leur performance et leur conformité aux normes et aux principes démocratiques, et de signaler les problèmes et les abus de pouvoir. Les organisations peuvent utiliser des outils tels que les données ouvertes, les médias sociaux et les plateformes de veille citoyenne pour mener à bien ces efforts de surveillance et de responsabilisation.

3.3.4 Renforcer les réseaux et les partenariats

Les technologies numériques permettent aux ONG et aux groupes de pression de renforcer leurs réseaux et leurs partenariats, en facilitant la communication et la collaboration entre les organisations et les acteurs de la société civile, tant au niveau national qu'international. Les organisations peuvent utiliser des outils tels que les plateformes de collaboration en ligne, les forums et les groupes de discussion pour échanger des informations, des ressources et des idées, coordonner leurs efforts et développer des stratégies communes pour promouvoir la démocratie et les droits de l'homme. En renforçant leurs réseaux et leurs partenariats, les ONG et les groupes de pression peuvent accroître leur influence et leur capacité à promouvoir des changements positifs dans la société.

3.3.5 Sensibilisation et éducation

Les ONG et les groupes de pression ont également un rôle important à jouer dans la sensibilisation et l'éducation du public sur les enjeux démocratiques et les droits de l'homme. Les technologies numériques offrent de nouvelles possibilités pour ces organisations de diffuser des informations, de fournir des ressources éducatives et de développer des programmes de formation en ligne pour les citoyens, les responsables politiques et d'autres acteurs de la société. En sensibilisant et en éduquant le public sur les enjeux démocratiques et les droits de l'homme, les ONG et les groupes de pression peuvent contribuer à renforcer la compréhension et l'engagement des citoyens envers la démocratie.

En résumé, les ONG et les groupes de pression jouent un rôle crucial dans l'e-démocratie en soutenant la participation citoyenne, en plaidant pour des politiques et des réformes, en surveillant et en responsabilisant les gouvernements et les institutions, en renforçant les réseaux et les partenariats, et en sensibilisant et en éduquant le public sur les enjeux démocratiques. Les technologies numériques offrent de nouvelles opportunités pour ces organisations d'accroître leur impact et leur influence et de contribuer à renforcer la démocratie dans l'ère numérique.

3.4 Les entreprises et les fournisseurs de services numériques

Les entreprises et les fournisseurs de services numériques jouent également un rôle important dans l'e-démocratie en développant et en fournissant les outils, les plateformes et les infrastructures nécessaires pour faciliter la participation citoyenne et l'engagement démocratique en ligne. De plus, ils ont la responsabilité de garantir que leurs produits et services respectent les principes démocratiques, protègent les droits de l'homme et favorisent un environnement en ligne sûr et inclusif. Dans cette section, nous examinerons le rôle des entreprises et des fournisseurs de services numériques dans l'e-démocratie et comment ils peuvent contribuer à renforcer la démocratie dans l'ère numérique.

3.4.1 Développement et fourniture d'outils et de plateformes

Les entreprises et les fournisseurs de services numériques ont un rôle essentiel à jouer dans le développement et la fourniture d'outils et de plateformes qui facilitent la participation citoyenne et l'engagement démocratique en ligne. Cela peut inclure la création de plateformes de consultation en ligne, de systèmes de vote électronique, de réseaux sociaux, de services de messagerie instantanée et d'autres outils et services qui permettent aux citoyens, aux gouvernements, aux institutions et aux autres acteurs de la société de communiquer, de collaborer et de participer aux processus démocratiques en ligne.

3.4.2 Protection de la vie privée et de la sécurité en ligne

Les entreprises et les fournisseurs de services numériques ont la responsabilité de garantir que leurs produits et services respectent les principes de la vie privée et de la sécurité en ligne. Cela implique de mettre en place des politiques et des pratiques robustes pour protéger les données personnelles des utilisateurs, prévenir les cyberattaques et les abus en ligne, et garantir la confidentialité et l'intégrité des communications et des transactions en ligne. En protégeant la vie privée et la sécurité en ligne, les entreprises et les fournisseurs de services numériques peuvent contribuer à créer un environnement en ligne sûr et de confiance qui favorise la participation citoyenne et l'engagement démocratique.

3.4.3 Promotion de l'inclusion numérique

Les entreprises et les fournisseurs de services numériques ont également un rôle à jouer dans la promotion de l'inclusion numérique en veillant à ce que leurs produits et services soient accessibles, abordables et adaptés aux besoins des utilisateurs. Cela peut inclure le développement de technologies et de services qui sont conçus pour être utilisés par des personnes ayant des compétences numériques limitées, des personnes handicapées ou des personnes vivant dans des régions mal desservies par les infrastructures numériques. En favorisant l'inclusion numérique, les entreprises et les fournisseurs de services numériques peuvent contribuer à garantir que tous les citoyens ont la possibilité de participer et de s'engager dans l'e-démocratie.

3.4.4 Responsabilité sociale et éthique

Les entreprises et les fournisseurs de services numériques doivent également assumer leur responsabilité sociale et éthique en veillant à ce que leurs produits et services ne contribuent pas à la désinformation, à la polarisation, à la haine en ligne ou à d'autres problèmes qui peuvent nuire à la démocratie et au bien-être des citoyens. Cela peut inclure la mise en place de mécanismes de modération de contenu, de vérification des faits et de lutte contre la désinformation, ainsi que la promotion de normes éthiques et de bonnes pratiques dans le développement et l'utilisation des technologies numériques. Les entreprises et les fournisseurs de services numériques doivent également travailler en étroite collaboration avec les gouvernements, les institutions, les organisations de la société civile et les autres acteurs pour aborder les défis et les opportunités de l'e-démocratie de manière responsable et éthique.

3.4.5 Partenariats et collaboration avec d'autres acteurs

Enfin, les entreprises et les fournisseurs de services numériques peuvent contribuer à renforcer l'e-démocratie en établissant des partenariats et en collaborant avec les gouvernements, les institutions, les organisations de la société civile et les autres acteurs pour développer et mettre en œuvre des initiatives, des politiques et des programmes qui soutiennent la participation citoyenne et l'engagement démocratique en ligne. Cela peut inclure la participation à des projets de recherche et de développement, la fourniture de financement et de soutien technique, et la contribution à des initiatives de sensibilisation et d'éducation qui visent à promouvoir la compréhension et l'utilisation des technologies numériques pour la démocratie.

En résumé, les entreprises et les fournisseurs de services numériques jouent un rôle crucial dans l'e-démocratie en développant et en fournissant les outils, les plateformes et les infrastructures nécessaires pour faciliter la participation citoyenne et l'engagement démocratique en ligne, en protégeant la vie privée et la sécurité en ligne, en promouvant l'inclusion numérique, en assumant leur responsabilité sociale et éthique, et en établissant des partenariats et en collaborant avec d'autres acteurs pour renforcer la démocratie dans l'ère numérique.

4 Les outils et méthode de l'E-democratie

4.1 Les plateformes de consultation en ligne

Les plateformes de consultation en ligne sont des outils numériques qui permettent aux citoyens, aux gouvernements, aux institutions et aux autres acteurs de la société de participer à des discussions, des débats et des prises de décision sur divers sujets et enjeux politiques. Ces plateformes peuvent jouer un rôle clé dans l'e-démocratie en facilitant la participation citoyenne, en améliorant la transparence et la responsabilité, et en favorisant une prise de décision plus inclusive et éclairée. Dans cette section, nous examinerons les principales caractéristiques et fonctions des plateformes de consultation en ligne, ainsi que les avantages et les défis associés à leur utilisation dans l'e-démocratie.

4.1.1 Caractéristiques et fonctions des plateformes de consultation en ligne

Les plateformes de consultation en ligne offrent une variété de fonctionnalités et d'outils qui permettent aux utilisateurs de participer et de contribuer aux processus démocratiques en ligne. Ces fonctionnalités peuvent inclure :

– Forums de discussion : Les utilisateurs peuvent participer à des discussions en ligne sur divers sujets et enjeux politiques, en posant des questions, en partageant des idées et en engageant des débats avec d'autres participants.

– Sondages et enquêtes : Les plateformes peuvent permettre aux utilisateurs de participer à des sondages et des enquêtes en ligne pour exprimer leurs opinions et leurs préférences sur des questions spécifiques, contribuant ainsi à informer les décisions politiques et les réformes.

– Soumission de propositions : Les utilisateurs peuvent soumettre leurs propres propositions et idées pour des politiques, des projets ou des initiatives, qui peuvent ensuite être évaluées et discutées par d'autres participants.

– Processus de prise de décision collaborative : Certaines plateformes offrent des outils de prise de décision collaborative, tels que des systèmes de vote en ligne, des processus de délibération et des mécanismes de consensus, pour faciliter la prise de décision collective et démocratique.

– Transparence et accès à l'information : Les plateformes de consultation en ligne peuvent fournir un accès transparent et en temps réel à des informations, des données et des documents pertinents, permettant aux utilisateurs de s'informer et de participer aux processus démocratiques de manière éclairée.

4.1.2 Avantages des plateformes de consultation en ligne

Les plateformes de consultation en ligne offrent plusieurs avantages pour l'e-démocratie, notamment :

– Amélioration de la participation citoyenne : Les plateformes de consultation en ligne permettent aux citoyens de participer facilement et à leur convenance aux processus démocratiques, en élargissant ainsi l'accès et la participation aux débats politiques et aux prises de décision.

– Prise de décision plus inclusive et éclairée : En sollicitant les opinions, les idées et les perspectives d'un large éventail de participants, les plateformes de consultation en ligne peuvent contribuer à une prise de décision plus inclusive, représentative et éclairée.

– Transparence et responsabilité : Les plateformes de consultation en ligne peuvent améliorer la transparence et la responsabilité des gouvernements et des institutions en fournissant un accès ouvert et transparent aux informations, aux données et aux processus décisionnels, et en permettant aux citoyens de surveiller et d'évaluer les performances et les actions des responsables politiques.

– Renforcement du dialogue et de la délibération : Les plateformes de consultation en ligne peuvent faciliter le dialogue et la délibération entre les citoyens, les gouvernements, les institutions et les autres acteurs de la société, en encourageant la discussion et le débat sur divers sujets et enjeux politiques et en favorisant la compréhension mutuelle et le consensus.

– Innovation et créativité : En sollicitant les idées et les propositions de citoyens et d'autres acteurs de la société, les plateformes de consultation en ligne peuvent stimuler l'innovation et la créativité dans la formulation et la mise en œuvre de politiques, de projets et d'initiatives.

4.1.3 Défis associés à l'utilisation des plateformes de consultation en ligne

Malgré leurs avantages, les plateformes de consultation en ligne présentent également certains défis pour l'e-démocratie, notamment :

- Inégalités et exclusion numérique : L'accès et la participation aux plateformes de consultation en ligne peuvent être limités par des facteurs tels que la connectivité Internet, les compétences numériques, l'âge, le handicap ou d'autres barrières socioéconomiques, ce qui peut entraîner des inégalités et une exclusion numérique dans la participation et l'engagement démocratique.

- Qualité et représentativité des contributions : Les contributions aux plateformes de consultation en ligne peuvent varier en termes de qualité, de pertinence et de représentativité, ce qui peut poser des défis pour l'évaluation et l'analyse des opinions et des idées soumises.

- Polarisation et fragmentation : Les plateformes de consultation en ligne peuvent parfois exacerber la polarisation et la fragmentation des opinions et des idées, en renforçant les clivages et les divisions existants entre les groupes et les communautés.

- Désinformation et manipulation : Les plateformes de consultation en ligne peuvent être vulnérables à la désinformation, à la manipulation et à l'ingérence de tiers malveillants, ce qui peut nuire à l'intégrité et à la crédibilité des processus démocratiques en ligne.

- Confidentialité et sécurité des données : La collecte, le stockage et le partage des données personnelles et sensibles des utilisateurs sur les plateformes de consultation en ligne soulèvent des préoccupations en matière de confidentialité et de sécurité des données, et nécessitent la mise en place de mesures de protection appropriées.

En conclusion, les plateformes de consultation en ligne offrent un potentiel important pour renforcer l'e-démocratie en facilitant la participation citoyenne, la transparence et la responsabilité, et la prise de décision inclusive et éclairée. Toutefois, il est essentiel de relever les défis associés à leur utilisation et de mettre en place des stratégies et des mécanismes pour garantir l'accès, la représentativité, la qualité et la sécurité des processus démocratiques en ligne.

4.2 Les sondages et votes électroniques

Les sondages et les votes électroniques sont des outils numériques qui permettent aux citoyens et aux autres acteurs de la société de participer aux processus démocratiques en exprimant leurs opinions et leurs préférences sur divers sujets et enjeux politiques. Dans cette section, nous examinerons les principales caractéristiques et fonctions des sondages et des votes électroniques, ainsi que les avantages et les défis associés à leur utilisation dans l'e-démocratie.

4.2.1 Caractéristiques et fonctions des sondages et votes électroniques

Les sondages et les votes électroniques offrent une variété de fonctionnalités et d'outils qui permettent aux utilisateurs de participer et de contribuer aux processus démocratiques en ligne. Ces fonctionnalités peuvent inclure :

— Sondages en ligne : Les sondages en ligne permettent aux utilisateurs de répondre à des questions et d'exprimer leurs opinions sur divers sujets et enjeux politiques. Les résultats de ces sondages peuvent être utilisés pour informer les décisions politiques, les réformes et les initiatives.

— Votes électroniques : Les votes électroniques permettent aux citoyens de voter en ligne pour des candidats, des propositions ou des initiatives lors d'élections, de référendums ou d'autres processus démocratiques. Les votes électroniques peuvent faciliter la participation et l'accès aux processus électoraux, en simplifiant le processus de vote et en réduisant les coûts et les ressources nécessaires pour organiser et gérer des élections.

4.2.2 Avantages des sondages et votes électroniques

Les sondages et les votes électroniques offrent plusieurs avantages pour l'e-démocratie, notamment :

– Amélioration de la participation citoyenne : Les sondages et les votes électroniques permettent aux citoyens de participer facilement et à leur convenance aux processus démocratiques, en élargissant ainsi l'accès et la participation aux débats politiques et aux processus électoraux.

– Rapidité et efficacité : Les sondages et les votes électroniques peuvent être réalisés rapidement et efficacement, en fournissant des résultats en temps réel et en réduisant les coûts et les ressources nécessaires pour organiser et gérer des élections et des consultations.

– Précision et intégrité des résultats : Les sondages et les votes électroniques peuvent améliorer la précision et l'intégrité des résultats électoraux et des consultations en réduisant les erreurs humaines et les risques de fraude et de manipulation.

4.2.3 Défis associés à l'utilisation des sondages et votes électroniques

Malgré leurs avantages, les sondages et les votes électroniques présentent également certains défis pour l'e-démocratie, notamment :

– Sécurité et fiabilité : Les sondages et les votes électroniques peuvent être vulnérables à des attaques informatiques, à des erreurs techniques ou à des problèmes de fiabilité, ce qui peut compromettre la sécurité et l'intégrité des processus démocratiques en ligne.

– Inégalités et exclusion numérique : L'accès et la participation aux sondages et aux votes électroniques peuvent être limités par des facteurs tels que la connectivité Internet, les compétences numériques, l'âge, le handicap ou d'autres barrières socioéconomiques, ce qui peut entraîner des inégalités et une exclusion numérique dans la participation et l'engagement démocratique.

– Confidentialité et vie privée : La collecte, le stockage et le partage des données personnelles et sensibles des utilisateurs lors des sondages et des votes électroniques soulèvent des préoccupations en matière de confidentialité et de vie privée, et nécessitent la mise en place de mesures de protection appropriées pour garantir la sécurité des données et le respect de la vie privée des électeurs.

– Désinformation et manipulation : Les sondages et les votes électroniques peuvent être influencés par la désinformation, la manipulation ou l'ingérence de tiers malveillants, ce qui peut nuire à l'intégrité et à la crédibilité des processus démocratiques en ligne.

– Légitimité et acceptation : L'utilisation des sondages et des votes électroniques peut soulever des questions de légitimité et d'acceptation parmi les citoyens, les responsables politiques et les autres acteurs de la société, en particulier si les processus et les résultats sont perçus comme étant peu transparents, peu fiables ou vulnérables à la manipulation.

En conclusion, les sondages et les votes électroniques offrent un potentiel important pour renforcer l'e-démocratie en facilitant la participation citoyenne, la rapidité et l'efficacité des processus démocratiques, et en améliorant la précision et l'intégrité des résultats. Toutefois, il est essentiel de relever les défis associés à leur utilisation et de mettre en place des stratégies et des mécanismes pour garantir la sécurité, la confidentialité, la légitimité et l'acceptation des sondages et des votes électroniques dans le cadre des processus démocratiques en ligne.

4.3 Les forums de discussion et réseaux sociaux

Les forums de discussion et les réseaux sociaux sont des plateformes en ligne où les citoyens, les gouvernements, les institutions et les autres acteurs de la société peuvent échanger des idées, des informations et des opinions sur divers sujets et enjeux politiques. Dans cette section, nous examinerons les principales caractéristiques et fonctions des forums de discussion et des réseaux sociaux, ainsi que les avantages et les défis associés à leur utilisation dans l'e-démocratie.

4.3.1 Caractéristiques et fonctions des forums de discussion et réseaux sociaux

Les forums de discussion et les réseaux sociaux offrent une variété de fonctionnalités et d'outils qui permettent aux utilisateurs de participer et de contribuer aux processus démocratiques en ligne. Ces fonctionnalités peuvent inclure :

– Communication et partage d'informations : Les forums de discussion et les réseaux sociaux permettent aux utilisateurs de partager des informations, des idées et des opinions sur divers sujets et enjeux politiques, en facilitant la communication et l'échange entre les citoyens, les gouvernements, les institutions et les autres acteurs de la société.

– Débat et délibération : Les forums de discussion et les réseaux sociaux offrent un espace pour le débat et la délibération sur divers sujets et enjeux politiques, en encourageant la discussion, le dialogue et la réflexion critique entre les participants.

– Mobilisation et action collective : Les forums de discussion et les réseaux sociaux peuvent faciliter la mobilisation et l'action collective des citoyens et des autres acteurs de la société, en soutenant la formation de groupes, de réseaux et de coalitions pour promouvoir et défendre des causes, des intérêts et des objectifs politiques.

4.3.2 Avantages des forums de discussion et réseaux sociaux

Les forums de discussion et les réseaux sociaux offrent plusieurs avantages pour l'e-démocratie, notamment :

– Amélioration de la participation citoyenne : Les forums de discussion et les réseaux sociaux permettent aux citoyens de s'engager activement dans les processus démocratiques, en partageant des informations, en exprimant leurs opinions et en participant à des débats et des discussions sur divers sujets et enjeux politiques.

– Diversité et pluralisme : Les forums de discussion et les réseaux sociaux peuvent favoriser la diversité et le pluralisme des idées, des opinions et des perspectives, en offrant un espace ouvert et inclusif pour l'échange et la confrontation d'idées et d'arguments.

– Transparence et responsabilité : Les forums de discussion et les réseaux sociaux peuvent contribuer à la transparence et à la responsabilité des gouvernements, des institutions et des autres acteurs de la société, en permettant aux citoyens de surveiller, d'évaluer et de critiquer les actions et les performances des responsables politiques et en demandant des comptes en cas de manquements ou d'abus.

4.3.3 Défis associés à l'utilisation des forums de discussion et réseaux sociaux

Malgré leurs avantages, les forums de discussion et les réseaux sociaux présentent également certains défis pour l'e-démocratie, notamment :

— Désinformation et propagande : Les forums de discussion et les réseaux sociaux peuvent être utilisés pour propager de fausses informations, des rumeurs et de la propagande, ce qui peut nuire à la qualité du débat public et à la crédibilité des processus démocratiques en ligne.

— Polarisation et fragmentation : Les forums de discussion et les réseaux sociaux peuvent contribuer à la polarisation et à la fragmentation des opinions et des groupes politiques, en renforçant les clivages idéologiques et en favorisant la formation de «chambres d'écho» où les utilisateurs sont exposés principalement à des informations et des opinions qui confirment leurs convictions et préjugés.

— Harcèlement et incivilités : Les forums de discussion et les réseaux sociaux peuvent être le théâtre de comportements abusifs, de harcèlement et d'incivilités, ce qui peut dissuader certains utilisateurs de participer aux débats et aux discussions politiques et nuire à la qualité et à l'inclusivité du dialogue démocratique en ligne.

— Vie privée et surveillance : L'utilisation des forums de discussion et des réseaux sociaux pour la participation démocratique peut soulever des préoccupations en matière de vie privée et de surveillance, en particulier lorsque les données personnelles et les activités en ligne des utilisateurs sont collectées, stockées et partagées sans leur consentement ou leur connaissance.

— Inégalités et exclusion numérique : L'accès et la participation aux forums de discussion et aux réseaux sociaux peuvent être limités par des facteurs tels que la connectivité Internet, les compétences numériques, l'âge, le handicap ou d'autres barrières socioéconomiques, ce qui peut entraîner des inégalités et une exclusion numérique dans la participation et l'engagement démocratique.

En conclusion, les forums de discussion et les réseaux sociaux offrent un potentiel important pour renforcer l'e-démocratie en facilitant la participation citoyenne, la diversité et le pluralisme des idées, et en contribuant à la transparence et à la responsabilité des gouvernements et des institutions. Toutefois, il est essentiel de relever les défis associés à leur utilisation et de mettre en place des stratégies et des mécanismes pour garantir la qualité, l'inclusivité, la sécurité et la confiance dans les forums de discussion et les réseaux sociaux dans le cadre des processus démocratiques en ligne.

4.4 Les systèmes de délibération en ligne

Les systèmes de délibération en ligne sont des plateformes numériques qui facilitent la discussion, le débat et la prise de décision collective sur divers sujets et enjeux politiques. Dans cette section, nous examinerons les principales caractéristiques et fonctions des systèmes de délibération en ligne, ainsi que les avantages et les défis associés à leur utilisation dans l'e-démocratie.

4.4.1 Caractéristiques et fonctions des systèmes de délibération en ligne

Les systèmes de délibération en ligne offrent une variété de fonctionnalités et d'outils qui permettent aux utilisateurs de participer et de contribuer aux processus démocratiques en ligne. Ces fonctionnalités peuvent inclure :

- Espaces de discussion : Les systèmes de délibération en ligne fournissent des espaces de discussion où les participants peuvent échanger des idées, des informations et des opinions sur divers sujets et enjeux politiques, en encourageant la communication et le dialogue entre les citoyens, les gouvernements, les institutions et les autres acteurs de la société.

- Outils de modération et d'animation : Les systèmes de délibération en ligne offrent des outils de modération et d'animation pour faciliter les débats constructifs, respectueux et équilibrés entre les participants, en gérant les contributions, en résolvant les conflits et en maintenant un climat d'échange sain et inclusif.

- Méthodes de prise de décision collective : Les systèmes de délibération en ligne proposent des méthodes de prise de décision collective, telles que le vote, la pondération des opinions, les consensus ou d'autres mécanismes de choix et de sélection, pour permettre aux participants de déterminer les priorités, les préférences et les positions communes sur divers sujets et enjeux politiques.

- Suivi et évaluation des résultats : Les systèmes de délibération en ligne permettent de suivre et d'évaluer les résultats des discussions, des débats et des décisions collectives, en fournissant des rapports, des analyses et des indicateurs de performance qui reflètent les progrès, les impacts et les retombées des processus de délibération en ligne.

4.4.2 Avantages des systèmes de délibération en ligne

Les systèmes de délibération en ligne offrent plusieurs avantages pour l'e-démocratie, notamment :

- Renforcement de la participation citoyenne : Les systèmes de délibération en ligne encouragent la participation citoyenne active dans les processus démocratiques en offrant des espaces et des mécanismes pour la discussion, le débat et la prise de décision collective sur divers sujets et enjeux politiques.

- Amélioration de la qualité du débat public : Les systèmes de délibération en ligne peuvent contribuer à améliorer la qualité du débat public en favorisant la réflexion critique, l'écoute active, la confrontation d'idées et la recherche de consensus et de solutions communes parmi les participants.

- Inclusion et diversité : Les systèmes de délibération en ligne peuvent faciliter l'inclusion et la diversité des voix, des opinions et des perspectives dans les processus démocratiques en offrant des opportunités égales et équitables pour les citoyens et les autres acteurs de la société de participer et de contribuer aux discussions, aux débats et aux décisions collectives.

- Transparence et responsabilité : Les systèmes de délibération en ligne peuvent promouvoir la transparence et la responsabilité des gouvernements, des institutions et des autres acteurs de la société en permettant aux citoyens de suivre, d'évaluer et de critiquer les actions et les performances des responsables politiques, ainsi qu'en demandant des comptes en cas de manquements ou d'abus.

4.4.3 Défis associés à l'utilisation des systèmes de délibération en ligne

Malgré leurs avantages, les systèmes de délibération en ligne présentent également certains défis pour l'e-démocratie, notamment :

– Accessibilité et exclusion numérique : L'accès et la participation aux systèmes de délibération en ligne peuvent être limités par des facteurs tels que la connectivité Internet, les compétences numériques, l'âge, le handicap ou d'autres barrières socioéconomiques, ce qui peut entraîner des inégalités et une exclusion numérique dans la participation et l'engagement démocratique.

– Qualité et représentativité des discussions : La qualité et la représentativité des discussions et des débats dans les systèmes de délibération en ligne peuvent être affectées par des problèmes tels que la désinformation, la polarisation, le groupthink ou la domination de certaines voix et intérêts particuliers, ce qui peut nuire à la légitimité et à la crédibilité des processus de délibération en ligne.

– Confidentialité et sécurité des données : L'utilisation des systèmes de délibération en ligne pour la participation démocratique peut soulever des préoccupations en matière de confidentialité et de sécurité des données, en particulier lorsque les données personnelles et les activités en ligne des utilisateurs sont collectées, stockées et partagées sans leur consentement ou leur connaissance.

– Durabilité et impact des décisions collectives : Les décisions collectives prises dans les systèmes de délibération en ligne peuvent ne pas être durables ou avoir un impact réel sur les politiques et les pratiques des gouvernements, des institutions et des autres acteurs de la société, en particulier lorsque les mécanismes de suivi, d'évaluation et de responsabilité sont insuffisants ou inexistants.

En conclusion, les systèmes de délibération en ligne offrent un potentiel important pour renforcer l'e-démocratie en facilitant la participation citoyenne, l'inclusion et la diversité des voix, et en contribuant à la transparence et à la responsabilité des gouvernements et des institutions. Toutefois, il est essentiel de relever les défis associés à leur utilisation et de mettre en place des stratégies et des mécanismes pour garantir la qualité, l'accessibilité, la confidentialité et l'impact des systèmes de délibération en ligne dans le cadre des processus démocratiques en ligne.

4.5 L'intelligence collective et les outils de collaboration

L'intelligence collective se réfère à la capacité d'un groupe de personnes à collaborer, à partager des connaissances et à résoudre des problèmes ensemble de manière plus efficace que les individus agissant seuls. Dans le contexte de l'e-démocratie, l'intelligence collective et les outils de collaboration numérique jouent un rôle clé pour faciliter la participation citoyenne, la prise de décision collective et l'innovation démocratique.

4.5.1 Caractéristiques et fonctions des outils de collaboration

Les outils de collaboration numérique offrent une variété de fonctionnalités et de possibilités pour soutenir l'intelligence collective et la collaboration dans les processus démocratiques en ligne, notamment :

- Partage de documents et d'informations : Les outils de collaboration permettent aux utilisateurs de partager des documents, des données et des informations en temps réel, facilitant ainsi la communication et la coopération entre les participants.

- Co-création et édition de documents : Les outils de collaboration offrent des fonctionnalités pour la co-création et l'édition de documents, permettant aux participants de travailler ensemble sur des textes, des propositions ou des projets de manière synchrone ou asynchrone.

- Gestion de projets et de tâches : Les outils de collaboration fournissent des fonctionnalités pour la gestion de projets et de tâches, telles que la création, l'attribution et le suivi des tâches, la définition des priorités et des échéances, et la coordination des efforts et des ressources entre les participants.

- Communication et interaction : Les outils de collaboration facilitent la communication et l'interaction entre les participants grâce à des fonctionnalités telles que les messageries instantanées, les appels vidéo, les commentaires et les notifications.

4.5.2 Avantages de l'intelligence collective et des outils de collaboration

L'intelligence collective et les outils de collaboration présentent plusieurs avantages pour l'e-démocratie, notamment :

- Amélioration de la qualité des décisions : L'intelligence collective et les outils de collaboration peuvent contribuer à améliorer la qualité des décisions démocratiques en permettant aux participants de partager des connaissances, des expériences et des perspectives diverses, et de développer des solutions communes et innovantes.

- Accélération de l'innovation démocratique : L'intelligence collective et les outils de collaboration peuvent faciliter l'innovation démocratique en soutenant l'expérimentation, la créativité et l'apprentissage collectif, et en permettant aux participants de tester et d'adapter de nouvelles idées, méthodes et technologies pour les processus démocratiques en ligne.

- Renforcement de la confiance et de la cohésion sociale : L'intelligence collective et les outils de collaboration peuvent renforcer la confiance et la cohésion sociale entre les participants en favorisant l'engagement, la coopération et le soutien mutuel, et en créant des liens et des réseaux de collaboration entre les citoyens, les gouvernements, les institutions et les autres acteurs de la société.

4.5.3 Défis associés à l'utilisation de l'intelligence collective et des outils de collaboration

Malgré leurs avantages, l'intelligence collective et les outils de collaboration présentent également certains défis pour l'e-démocratie, notamment :

— Complexité et coordination : La mise en œuvre de l'intelligence collective et des outils de collaboration peut s'avérer complexe et nécessiter une coordination efficace entre les participants pour assurer la gestion, la synchronisation et l'harmonisation des efforts, des ressources et des objectifs.

— Formation et compétences : L'utilisation de l'intelligence collective et des outils de collaboration peut exiger des compétences et des connaissances spécifiques pour les participants, ce qui implique un besoin de formation et d'accompagnement pour garantir une utilisation appropriée et efficace de ces outils et méthodes.

— Inclusion et diversité : L'intelligence collective et les outils de collaboration peuvent parfois être dominés par des groupes ou des individus plus actifs, compétents ou influents, ce qui peut entraîner des biais, des inégalités et une exclusion dans la participation et la prise de décision collective.

— Sécurité et confidentialité : Les outils de collaboration peuvent soulever des préoccupations en matière de sécurité et de confidentialité, notamment lorsque des données sensibles ou personnelles sont partagées, stockées et traitées dans des environnements numériques.

En conclusion, l'intelligence collective et les outils de collaboration offrent un potentiel considérable pour renforcer l'e-démocratie en facilitant la participation citoyenne, la prise de décision collective et l'innovation démocratique. Toutefois, il est essentiel de relever les défis associés à leur utilisation et de mettre en place des stratégies et des mécanismes pour garantir l'efficacité, l'inclusion, la diversité et la sécurité de l'intelligence collective et des outils de collaboration dans le cadre des processus démocratiques en ligne.

5   LES ENJEUX DE L'E-DEMOCRATIE

5.1 L'inclusion numérique et la fracture sociale

L'inclusion numérique se réfère à la capacité des individus et des communautés à accéder et à utiliser les technologies numériques de manière efficace, équitable et significative. La fracture sociale, en revanche, concerne les inégalités et les divisions entre les groupes sociaux, économiques et culturels dans la société. Dans le contexte de l'e-démocratie, l'inclusion numérique et la fracture sociale sont des enjeux clés pour assurer une participation démocratique équitable et inclusive pour tous les citoyens.

5.1.1 Défis liés à l'inclusion numérique et à la fracture sociale

– Accès inégal aux technologies numériques : L'accès aux technologies numériques et à Internet varie considérablement selon les facteurs socioéconomiques, géographiques, d'âge et de genre, créant ainsi des disparités et des divisions entre les individus et les groupes qui ont accès aux technologies et ceux qui n'y ont pas accès.

– Compétences numériques insuffisantes : Les compétences numériques sont essentielles pour utiliser efficacement les technologies numériques et participer aux processus démocratiques en ligne. Cependant, les compétences numériques varient également en fonction des facteurs socioéconomiques, éducatifs et culturels, entraînant des inégalités et des divisions entre les citoyens numériquement compétents et ceux qui ne le sont pas.

– Représentativité et diversité des voix : La fracture sociale et l'exclusion numérique peuvent entraîner un manque de représentativité et de diversité des voix, des opinions et des perspectives dans les processus démocratiques en ligne, limitant ainsi la légitimité, la crédibilité et la pertinence des décisions et des politiques adoptées.

5.1.2 Stratégies pour promouvoir l'inclusion numérique et réduire la fracture sociale

– Élargir l'accès aux technologies numériques : Il est crucial de garantir un accès équitable et abordable aux technologies numériques et à Internet pour tous les citoyens, en particulier pour les groupes socialement et économiquement marginalisés, les personnes âgées et les personnes handicapées. Les gouvernements et les institutions doivent investir dans les infrastructures numériques, les programmes de subventions et les partenariats public-privé pour élargir l'accès et réduire les coûts des technologies numériques.

– Améliorer les compétences numériques : Les programmes d'éducation et de formation pour renforcer les compétences numériques sont essentiels pour garantir que tous les citoyens puissent utiliser efficacement les technologies numériques et participer aux processus démocratiques en ligne. Les gouvernements et les institutions doivent soutenir l'enseignement des compétences numériques dans les écoles, les universités et les centres de formation professionnelle, ainsi que proposer des programmes de formation continue et des ateliers pour les citoyens de tous âges.

- Favoriser la représentativité et la diversité des voix : Les plateformes et les processus d'e-démocratie doivent être conçus pour encourager la participation et l'engagement des citoyens issus de différents milieux sociaux, culturels et économiques, afin de garantir la représentativité et la diversité des voix, des opinions et des perspectives. Les gouvernements et les institutions doivent mettre en place des mécanismes pour faciliter la participation des groupes marginalisés et sous-représentés, tels que les quotas, les consultations ciblées et les partenariats avec les organisations de la société civile.

- Concevoir des technologies et des services numériques inclusifs : Les technologies et les services numériques doivent être conçus de manière à être accessibles, faciles à utiliser et adaptés aux besoins et aux préférences des différents utilisateurs, en tenant compte des défis liés à l'âge, au handicap, à la langue et à la culture. Les gouvernements et les institutions doivent promouvoir les principes de conception universelle et d'accessibilité numérique, et encourager l'innovation et la recherche pour développer des solutions numériques inclusives et adaptées.

- Sensibiliser et promouvoir l'engagement citoyen : Les campagnes de sensibilisation, d'information et de communication sont essentielles pour informer les citoyens sur les opportunités et les enjeux liés à l'e-démocratie et pour promouvoir leur engagement actif et éclairé dans les processus démocratiques en ligne. Les gouvernements et les institutions doivent utiliser divers canaux et formats de communication, tels que les médias traditionnels, les réseaux sociaux et les événements publics, pour atteindre et mobiliser un large éventail de citoyens.

En conclusion, l'inclusion numérique et la réduction de la fracture sociale sont des enjeux cruciaux pour garantir une e-démocratie équitable et inclusive pour tous les citoyens. Les gouvernements, les institutions et les autres acteurs de la société doivent travailler ensemble pour développer et mettre en œuvre des stratégies, des politiques et des actions visant à élargir l'accès aux technologies numériques, à améliorer les compétences numériques, à favoriser la représentativité et la diversité des voix, et à concevoir des technologies et des services numériques inclusifs et adaptés.

5.2 La sécurité et la confidentialité des données

La sécurité et la confidentialité des données sont des préoccupations majeures dans le contexte de l'e-démocratie, car elles concernent la protection des informations sensibles et personnelles des citoyens, ainsi que l'intégrité et la fiabilité des processus démocratiques en ligne. Voici les principaux défis et les mesures à prendre pour garantir la sécurité et la confidentialité des données dans l'e-démocratie.

5.2.1 Défis liés à la sécurité et à la confidentialité des données

— Attaques et menaces cybernétiques : Les processus et les systèmes d'e-démocratie peuvent être vulnérables aux attaques et aux menaces cybernétiques, telles que le piratage, le vol de données, le détournement de compte, la manipulation et la désinformation. Ces attaques peuvent compromettre la sécurité et la confidentialité des données des citoyens, ainsi que l'intégrité et la légitimité des processus démocratiques en ligne.

— Failles et vulnérabilités techniques : Les technologies et les systèmes numériques utilisés dans l'e-démocratie peuvent présenter des failles et des vulnérabilités techniques, qui peuvent être exploitées par des acteurs malveillants pour accéder, modifier ou détruire des données sensibles et personnelles, ou perturber les processus démocratiques en ligne.

— Vie privée et surveillance : La collecte, le stockage, le traitement et le partage des données personnelles et sensibles des citoyens dans le cadre de l'e-démocratie peuvent soulever des préoccupations en matière de vie privée et de surveillance, notamment lorsque les gouvernements, les institutions ou les entreprises utilisent ces données à des fins non autorisées ou abusives.

5.2.2 Mesures pour garantir la sécurité et la confidentialité des données

— Renforcer la sécurité et la résilience des systèmes : Les gouvernements et les institutions doivent investir dans la sécurité et la résilience des systèmes d'e-démocratie, en adoptant des normes, des protocoles et des technologies de pointe pour protéger les données et les infrastructures contre les attaques et les menaces cybernétiques, et en mettant en place des mécanismes de surveillance, de détection et de réponse aux incidents.

— Évaluer et corriger les failles et vulnérabilités techniques : Les gouvernements et les institutions doivent réaliser des évaluations régulières et approfondies des risques et des vulnérabilités techniques des technologies et des systèmes d'e-démocratie, et mettre en œuvre des mesures pour corriger et prévenir ces failles et vulnérabilités.

– Appliquer les principes et les réglementations en matière de protection des données : Les gouvernements et les institutions doivent appliquer les principes et les réglementations en matière de protection des données, tels que la minimisation des données, le consentement éclairé, la transparence, la finalité, la proportionnalité et la responsabilité, pour garantir que les données personnelles et sensibles des citoyens sont collectées, stockées, traitées et partagées de manière sécurisée, éthique et respectueuse de la vie privée.

– Sensibiliser et former les utilisateurs : Les gouvernements, les institutions et les autres acteurs de l'e-démocratie doivent sensibiliser et former les utilisateurs sur les risques, les enjeux et les bonnes pratiques en matière de sécurité et de confidentialité des données. Les campagnes de sensibilisation, les ateliers et les programmes de formation peuvent aider les citoyens à développer leurs compétences et leur compréhension de la sécurité des données et à adopter des comportements responsables en matière de protection de leurs informations personnelles et sensibles en ligne.

– Coopération et collaboration entre les acteurs : La sécurité et la confidentialité des données dans l'e-démocratie exigent une coopération et une collaboration étroites entre les gouvernements, les institutions, les entreprises, les organisations de la société civile et les experts en sécurité de l'information. Les partenariats public-privé, les échanges d'informations et les initiatives conjointes peuvent contribuer à renforcer la capacité collective à faire face aux défis et aux menaces en matière de sécurité et de confidentialité des données.

En conclusion, la sécurité et la confidentialité des données sont des enjeux essentiels pour garantir la confiance, l'intégrité et la fiabilité des processus démocratiques en ligne. Les gouvernements, les institutions et les autres acteurs de l'e-démocratie doivent travailler ensemble pour développer et mettre en œuvre des stratégies, des politiques et des actions visant à renforcer la sécurité et la résilience des systèmes, à évaluer et corriger les failles et vulnérabilités techniques, à appliquer les principes et les réglementations en matière de protection des données, et à sensibiliser et former les utilisateurs sur les risques, les enjeux et les bonnes pratiques en matière de sécurité et de confidentialité des données.

5.3 Les fake news et la manipulation de l'information

La propagation des fake news et la manipulation de l'information sont des problèmes majeurs dans le contexte de l'e-démocratie, car elles peuvent influencer l'opinion publique, polariser les débats, saper la confiance dans les institutions et les processus démocratiques, et favoriser la désinformation et la radicalisation. Voici les principaux défis et les mesures à prendre pour lutter contre les fake news et la manipulation de l'information dans l'e-démocratie.

5.3.1 Défis liés aux fake news et à la manipulation de l'information

— Prolifération des sources et des canaux d'information : L'essor des réseaux sociaux, des plateformes de partage de contenu et des médias en ligne a entraîné une prolifération des sources et des canaux d'information, rendant plus difficile pour les citoyens de distinguer les informations fiables et vérifiées des fake news et des rumeurs.

— Amplification et polarisation des discours : Les algorithmes de recommandation et de personnalisation des plateformes numériques, ainsi que les mécanismes de partage et de viralisation des réseaux sociaux, peuvent amplifier et polariser les discours, en renforçant les biais de confirmation, les chambres d'écho et les bulles de filtre.

— Acteurs malveillants et campagnes de désinformation : Les fake news et la manipulation de l'information peuvent être orchestrées et diffusées par des acteurs malveillants, tels que des gouvernements, des groupes politiques, des organisations non gouvernementales ou des individus, dans le but de promouvoir leurs intérêts, leurs idéologies ou leurs agendas, et de déstabiliser ou de discréditer leurs adversaires.

5.3.2 Mesures pour lutter contre les fake news et la manipulation de l'information

— Éducation et sensibilisation des citoyens : Les gouvernements, les institutions et les autres acteurs de l'e-démocratie doivent investir dans l'éducation et la sensibilisation des citoyens sur les enjeux, les risques et les bonnes pratiques liés aux fake news et à la manipulation de l'information. Les programmes d'éducation aux médias, d'éducation civique et d'éducation à la citoyenneté numérique peuvent aider les citoyens à développer leurs compétences en matière d'analyse critique, de vérification des faits et de discernement des sources et des contenus fiables.

— Fact-checking et vérification des faits : Les gouvernements, les institutions et les autres acteurs de l'e-démocratie doivent soutenir et promouvoir les initiatives de fact-checking et de vérification des faits, en partenariat avec les médias, les organisations de la société civile et les experts indépendants. Les plateformes de fact-checking, les outils de vérification des faits et les réseaux de collaboration peuvent contribuer à détecter, démentir et dénoncer les fake news et la manipulation de l'information.

– Régulation et responsabilité des plateformes numériques : Les gouvernements et les institutions doivent mettre en place des réglementations et des mécanismes de responsabilité pour inciter les plateformes numériques et les réseaux sociaux à lutter contre les fake news et la manipulation de l'information. Ces réglementations peuvent inclure des obligations de transparence, de vérification des faits, de signalement et de suppression des contenus trompeurs ou malveillants, ainsi que des sanctions en cas de non-conformité ou de négligence.

– Promotion de la diversité et de la qualité de l'information : Les gouvernements, les institutions et les autres acteurs de l'e-démocratie doivent encourager et soutenir la diversité et la qualité de l'information, en favorisant le pluralisme des médias, l'indépendance des journalistes, la production de contenus factuels et équilibrés, et la participation des citoyens aux débats publics et aux processus démocratiques. Des subventions, des prix, des partenariats et des initiatives collaboratives peuvent être utilisés pour stimuler l'innovation et l'excellence dans le secteur de l'information.

– Collaboration et coopération internationales : La lutte contre les fake news et la manipulation de l'information nécessite une collaboration et une coopération internationales, compte tenu de la nature transfrontalière et transnationale des flux d'information et des acteurs malveillants. Les gouvernements, les institutions et les autres acteurs de l'e-démocratie doivent travailler ensemble pour échanger des informations, des bonnes pratiques et des ressources, et pour coordonner leurs actions et leurs politiques dans le domaine de la régulation, de la surveillance et de la coopération en matière de sécurité de l'information.

En conclusion, les fake news et la manipulation de l'information représentent des défis complexes et multidimensionnels pour l'e-démocratie, qui nécessitent une approche globale et coordonnée, impliquant les gouvernements, les institutions, les entreprises, les médias, les organisations de la société civile et les citoyens. Les mesures à prendre pour lutter contre les fake news et la manipulation de l'information incluent l'éducation et la sensibilisation des citoyens, le fact-checking et la vérification des faits, la régulation et la responsabilité des plateformes numériques, la promotion de la diversité et de la qualité de l'information, et la collaboration et la coopération internationales.

5.4 La régulation des plateformes numériques

La régulation des plateformes numériques est cruciale pour assurer un environnement sain et équitable pour l'e-démocratie. La régulation doit aborder les défis posés par ces plateformes, tels que la protection des données personnelles, la lutte contre la désinformation et les fake news, la promotion de la diversité des opinions et la garantie d'un accès équitable aux informations. Voici les principaux aspects de la régulation des plateformes numériques dans le contexte de l'e-démocratie :

5.4.1   Protection de la vie privée et des données personnelles

–   Réglementations sur la protection des données : Les gouvernements doivent mettre en place des réglementations strictes sur la protection des données, telles que le Règlement général sur la protection des données (RGPD) de l'Union européenne, qui impose des normes élevées en matière de consentement, de transparence et de responsabilité pour le traitement et le partage des données personnelles.

–   Contrôle des utilisateurs sur leurs données : Les plateformes numériques doivent garantir aux utilisateurs un contrôle total sur leurs données personnelles, en leur permettant de gérer, modifier et supprimer leurs informations, et de décider avec qui et comment leurs données sont partagées et utilisées.

5.4.2   Lutte contre la désinformation et les fake news

–   Détection et suppression des contenus trompeurs : Les plateformes numériques doivent développer et mettre en œuvre des mécanismes efficaces pour détecter et supprimer les contenus trompeurs, les fake news et la désinformation, en collaboration avec les organismes de vérification des faits, les médias et les experts indépendants.

–   Transparence des sources et des contenus sponsorisés : Les plateformes numériques doivent garantir la transparence des sources et des contenus sponsorisés, en affichant clairement les informations sur les auteurs, les financeurs et les diffuseurs des messages publicitaires, politiques et promotionnels.

5.4.3   Promotion de la diversité des opinions et du pluralisme des médias

–   Contrôle des algorithmes de recommandation : Les gouvernements et les régulateurs doivent surveiller et réguler les algorithmes de recommandation des plateformes numériques, afin d'éviter la polarisation, les chambres d'écho et les bulles de filtre, et de promouvoir la diversité des opinions et le pluralisme des médias.

–   Soutien aux médias indépendants et aux contenus de qualité : Les gouvernements et les institutions doivent soutenir les médias indépendants et les contenus de qualité, en leur fournissant des subventions, des prix, des partenariats et des ressources pour stimuler l'innovation et l'excellence dans le secteur de l'information.

5.4.4 Garantie d'un accès équitable aux informations et aux opportunités

– Interdiction des pratiques discriminatoires : Les gouvernements et les régulateurs doivent interdire les pratiques discriminatoires des plateformes numériques, telles que le ciblage abusif, l'exclusion et la manipulation des informations, des prix et des conditions.

– Accessibilité et inclusion numérique : Les plateformes numériques doivent garantir l'accessibilité et l'inclusion numérique pour tous les utilisateurs, en tenant compte des besoins et des capacités des personnes handicapées, des personnes âgées, des personnes à faible revenu et des personnes vivant dans des zones rurales ou isolées. Des mesures pour améliorer l'accessibilité et l'inclusion numérique peuvent inclure la conception universelle, les interfaces adaptatives, les outils d'assistance, les services d'interprétation et les programmes de formation et de soutien.

5.4.5 Responsabilité et recours pour les utilisateurs

– Mécanismes de signalement et de plainte : Les plateformes numériques doivent mettre en place des mécanismes de signalement et de plainte pour les utilisateurs, afin de leur permettre de signaler les contenus inappropriés, les violations des droits et des règles, et de demander des recours, des corrections ou des suppressions.

– Médiation et résolution des conflits : Les plateformes numériques doivent proposer des services de médiation et de résolution des conflits pour les utilisateurs, en collaboration avec les autorités, les organisations de la société civile et les experts indépendants, afin de traiter les litiges, les différends et les réparations de manière équitable, transparente et rapide.

5.4.6 Coopération et coordination internationales

– Harmonisation des réglementations et des normes : Les gouvernements et les institutions internationales doivent travailler ensemble pour harmoniser les réglementations et les normes sur les plateformes numériques, en tenant compte des principes et des valeurs de l'e-démocratie, des droits de l'homme et du droit international.

– Partage des bonnes pratiques et des ressources : Les gouvernements, les institutions et les autres acteurs de l'e-démocratie doivent partager les bonnes pratiques et les ressources pour réguler les plateformes numériques, en échangeant des informations, des expériences et des technologies, et en collaborant sur des projets et des initiatives communes.

En somme, la régulation des plateformes numériques est un enjeu crucial pour l'e-démocratie, qui nécessite une approche globale et coordonnée, impliquant les gouvernements, les institutions, les entreprises, les médias, les organisations de la société civile et les citoyens. Les domaines clés de la régulation des plateformes numériques comprennent la protection de la vie privée et des données personnelles, la lutte contre la désinformation et les fake news, la promotion de la diversité des opinions et du pluralisme des médias, la garantie d'un accès équitable aux informations et aux opportunités, la responsabilité et les recours pour les utilisateurs, et la coopération et la coordination internationales.

5.5 Les défis organisationnels et culturels

Dans le contexte de l'e-démocratie, les défis organisationnels et culturels peuvent entraver la mise en œuvre efficace des technologies numériques et la participation des citoyens aux processus démocratiques. Les principaux défis organisationnels et culturels sont les suivants :

5.5.1 Résistance au changement

– Récalcitrance des institutions : Les institutions publiques et politiques peuvent être réticentes à adopter de nouvelles technologies et méthodes de travail, en raison de la crainte de perdre le contrôle, de la méconnaissance des avantages potentiels ou des difficultés à s'adapter aux changements organisationnels et culturels.

– Habitudes et préférences des citoyens : Les citoyens peuvent également être réticents à utiliser les outils numériques pour participer à la démocratie, en raison de leur attachement aux méthodes traditionnelles, de leur manque de compétences numériques ou de leur méfiance à l'égard des technologies et des plateformes en ligne.

5.5.2 Formation et compétences numériques

– Formation des employés des institutions : Les employés des institutions publiques et politiques doivent être formés et soutenus pour développer leurs compétences numériques et leur capacité à utiliser les technologies de l'e-démocratie, à travers des programmes de formation, des ateliers, des Webinaires et des ressources en ligne.

– Éducation et sensibilisation des citoyens : Les citoyens doivent être éduqués et sensibilisés sur l'importance et les avantages de l'e-démocratie, ainsi que sur les risques et les précautions à prendre pour protéger leur vie privée, leurs données et leurs droits. Des campagnes d'information, des initiatives pédagogiques et des partenariats avec les médias, les écoles et les organisations de la société civile peuvent être utilisés pour promouvoir l'éducation et la sensibilisation à l'e-démocratie.

5.5.3 Accessibilité et inclusion

– Barrières linguistiques et culturelles : Les outils et les contenus de l'e-démocratie doivent être accessibles et inclusifs pour tous les citoyens, en tenant compte des barrières linguistiques et culturelles. Les plateformes numériques doivent proposer des interfaces et des ressources en plusieurs langues et formats, et intégrer des fonctionnalités de traduction, de sous-titrage et de narration pour faciliter la compréhension et l'engagement des utilisateurs.

- Barrières socio-économiques et géographiques : Les outils et les contenus de l'e-démocratie doivent également être accessibles et inclusifs pour les citoyens à faible revenu, les personnes vivant dans des zones rurales ou isolées, et les personnes ayant des besoins spécifiques, tels que les personnes handicapées, les personnes âgées ou les migrants. Des mesures pour réduire les barrières socio-économiques et géographiques peuvent inclure l'amélioration de l'infrastructure et de la connectivité, la fourniture d'équipements et de services à faible coût ou gratuits, et la mise en place de centres communautaires et de points d'accès publics pour faciliter l'accès et l'assistance aux utilisateurs.

En conclusion, pour surmonter les défis organisationnels et culturels liés à l'e-démocratie, il est essentiel d'adopter une approche holistique qui implique tous les acteurs concernés, y compris les gouvernements, les institutions, les entreprises, les médias, les organisations de la société civile et les citoyens. Les stratégies pour relever ces défis peuvent inclure :

– Sensibilisation et communication : Les acteurs impliqués dans l'e-démocratie doivent promouvoir une culture de la transparence, de la responsabilité et de l'ouverture, en communiquant clairement les objectifs, les bénéfices et les risques des initiatives numériques, et en écoutant et répondant aux préoccupations et aux attentes des citoyens.

– Leadership et innovation : Les dirigeants et les décideurs des institutions publiques et politiques doivent montrer l'exemple et encourager l'innovation, en adoptant des politiques et des pratiques favorables à l'e-démocratie, en soutenant les projets pilotes et les expérimentations, et en évaluant et en partageant les résultats et les enseignements tirés.

– Co-création et participation : Les acteurs impliqués dans l'e-démocratie doivent impliquer les citoyens et les parties prenantes dans la conception, la mise en œuvre et l'évaluation des outils et des processus numériques, en utilisant des méthodes participatives et collaboratives, telles que les ateliers, les hackathons, les consultations et les plateformes en ligne.

– Partenariats et réseaux : Les acteurs impliqués dans l'e-démocratie doivent établir et renforcer les partenariats et les réseaux entre les gouvernements, les institutions, les entreprises, les médias, les organisations de la société civile et les citoyens, en échangeant des informations, des ressources et des expériences, et en collaborant sur des projets et des initiatives communes.

En fin de compte, l'e-démocratie nécessite un changement profond dans la manière dont les institutions et les citoyens interagissent et collaborent pour résoudre les problèmes et prendre des décisions. Ce changement exige une volonté politique, une vision stratégique et un engagement durable de toutes les parties prenantes, afin de relever les défis organisationnels et culturels, et de réaliser le potentiel de l'e-démocratie pour renforcer la participation, l'inclusion, la transparence et la responsabilité dans nos sociétés.

6 LES EXPÉRIENCE INTERNATIONAL DE L'E-DEMOCRATIE

6.1 Les modèles nordiques et la démocratie participative

Les modèles nordiques font référence aux pays scandinaves (Danemark, Suède, Norvège, Finlande et Islande) qui sont souvent cités comme des exemples de démocratie participative réussie. La démocratie participative dans ces pays est caractérisée par une large implication des citoyens dans les processus de prise de décision, la transparence, la responsabilité et l'égalité des chances. Les modèles nordiques offrent des leçons précieuses pour l'e-démocratie et peuvent servir d'inspiration pour d'autres pays qui cherchent à promouvoir une participation citoyenne plus active et une gouvernance plus ouverte et inclusive.

6.1.1 Participation citoyenne

Les pays nordiques ont une longue tradition de participation citoyenne, y compris les assemblées locales, les coopératives, les associations et les conseils de quartier. Ces structures permettent aux citoyens de s'impliquer directement dans la planification, la gestion et le contrôle des services publics, des ressources et des espaces communs. L'e-démocratie renforce cette tradition en offrant de nouvelles opportunités pour la participation en ligne, les consultations et les délibérations, ainsi que pour la collecte et l'analyse des données et des idées des citoyens.

6.1.2 Transparence et accès à l'information

Les pays nordiques sont également reconnus pour leur engagement en faveur de la transparence et de l'accès à l'information. Les gouvernements et les institutions sont tenus de publier et de partager des informations sur leurs activités, leurs budgets, leurs contrats et leurs décisions, en ligne et hors ligne, afin de permettre aux citoyens de suivre, de surveiller et d'évaluer leur performance et leur responsabilité. L'e-démocratie facilite cette transparence en rendant les informations plus accessibles, interactives et personnalisables, et en permettant aux citoyens de poser des questions, de donner des commentaires et de recevoir des réponses en temps réel.

6.1.3 Éducation civique et formation

Les pays nordiques accordent une grande importance à l'éducation civique et à la formation, tant dans les écoles que dans les communautés et les lieux de travail. Les citoyens sont encouragés à développer leurs compétences et leurs connaissances sur la démocratie, les droits, les responsabilités et les enjeux locaux, nationaux et internationaux, ainsi qu'à s'engager dans des débats, des discussions et des actions pour résoudre les problèmes et améliorer la qualité de la vie. L'e-démocratie contribue à cet apprentissage et à cet engagement en offrant des outils et des ressources en ligne pour l'éducation, la recherche, la communication et la collaboration, ainsi que des plateformes pour la participation et l'influence des citoyens sur les politiques et les projets.

6.1.4 Égalité des chances et inclusion sociale

Enfin, les modèles nordiques sont caractérisés par leur engagement envers l'égalité des chances et l'inclusion sociale, en veillant à ce que tous les citoyens, indépendamment de leur sexe, de leur âge, de leur origine ethnique, de leur orientation sexuelle, de leur religion ou de leur handicap, aient les mêmes droits, les mêmes opportunités et les mêmes ressources pour participer et bénéficier de la démocratie et du bien-être. Les politiques et les programmes de l'e-démocratie dans les pays nordiques visent à réduire les barrières et les inégalités numériques, en améliorant l'accès, l'accessibilité et l'utilisabilité des technologies et des services en ligne pour les groupes marginalisés et vulnérables, et en soutenant les initiatives et les partenariats pour l'inclusion, la diversité et la cohésion sociale.

En conclusion, les modèles nordiques de démocratie participative illustrent comment les principes et les valeurs de l'e-démocratie peuvent être intégrés et appliqués dans la pratique, en favorisant une culture de la participation, de la transparence, de la responsabilité et de l'égalité, et en exploitant les technologies numériques pour améliorer et enrichir l'expérience et l'impact des citoyens sur les processus démocratiques. Les enseignements et les exemples de ces pays peuvent inspirer et orienter les efforts d'autres pays et régions pour développer et mettre en œuvre leurs propres stratégies et initiatives d'e-démocratie, en tenant compte de leurs contextes, de leurs défis et de leurs opportunités spécifiques.

6.2 Les initiatives en Amérique latine et la démocratie directe numérique

L'Amérique latine a également été le théâtre de plusieurs initiatives intéressantes en matière d'e-démocratie, avec un accent particulier sur la démocratie directe numérique. La démocratie directe numérique fait référence à l'utilisation des technologies numériques pour permettre aux citoyens de participer directement aux processus de prise de décision, sans passer par des intermédiaires tels que les représentants élus. Plusieurs pays et villes d'Amérique latine ont mis en place des projets et des plateformes pour encourager la participation citoyenne et la gouvernance ouverte. Voici quelques exemples notables :

6.2.1 Participatory Budgeting (PB) au Brésil

Le budget participatif est une méthode de planification et d'allocation des ressources publiques qui implique les citoyens dans l'identification, la priorisation et la sélection des projets et des investissements locaux. Le Brésil a été un pionnier dans ce domaine, avec la mise en place du PB à Porto Alegre en 1989. Depuis lors, le PB s'est étendu à d'autres villes et pays, et a intégré des outils et des plateformes numériques pour faciliter l'accès, la participation et la transparence des processus et des résultats.

6.2.2 Plataforma de Gobierno Abierto en Argentine

L'Argentine a lancé la Plataforma de Gobierno Abierto (Plateforme de Gouvernement Ouvert) en 2016, dans le but d'améliorer la transparence, l'accès à l'information, la participation citoyenne et l'innovation dans la gestion publique. La plateforme offre une variété de services et de ressources en ligne, tels que les données ouvertes, les consultations, les forums, les concours, les webinaires et les tutoriels, pour encourager les citoyens et les organisations à s'impliquer dans les politiques, les projets et les problèmes d'intérêt public.

6.2.3 Decide Madrid en Espagne

Decide Madrid est une plateforme en ligne créée par la ville de Madrid pour permettre aux citoyens de proposer, de débattre et de voter sur des idées et des initiatives municipales. La plateforme utilise des technologies de délibération, de sondage et de vote électronique pour faciliter la participation et l'engagement des citoyens dans la planification, la régulation et l'évaluation des services, des infrastructures et des règlements locaux. Decide Madrid est un exemple de démocratie directe numérique qui renforce la transparence, la responsabilité et la collaboration entre les citoyens, les fonctionnaires et les institutions.

6.2.4 LabCDMX au Mexique

Le Laboratoire pour la Ville de Mexico (LabCDMX) est un espace d'expérimentation et d'innovation urbaine qui vise à promouvoir la participation citoyenne, la co-création et la résolution de problèmes dans la ville. Le LabCDMX organise des ateliers, des conférences, des projets pilotes et des compétitions pour encourager les citoyens, les chercheurs, les artistes, les entrepreneurs et les fonctionnaires à travailler ensemble sur des défis et des opportunités tels que la mobilité, l'environnement, le logement, la culture et l'inclusion. Le LabCDMX utilise également des outils et des plateformes numériques pour faciliter la communication, la collaboration et la diffusion des connaissances et des solutions entre les participants et les parties prenantes.

6.2.5 Civico en Colombie

Civico est une application mobile et web développée en Colombie qui permet aux citoyens de signaler, de suivre et de résoudre des problèmes et des incidents dans leur quartier, tels que les déchets, les nuisances, les infractions et les accidents. Civico facilite la coopération et la coordination entre les citoyens, les autorités locales, les services publics et les organisations communautaires, en fournissant des informations en temps réel, des alertes et des suggestions pour améliorer la qualité de vie et la sécurité des habitants. Civico illustre comment l'e-démocratie peut renforcer la capacité des citoyens à agir et à influencer leur environnement et leur bien-être, à la fois individuellement et collectivement.

Ces initiatives en Amérique latine montrent comment l'e-démocratie et la démocratie directe numérique peuvent être adaptées et appliquées dans différents contextes et échelles, en exploitant les technologies numériques pour renforcer la participation citoyenne, la gouvernance ouverte et l'innovation sociale. Les expériences et les enseignements de ces projets et plateformes peuvent également inspirer et informer les efforts d'autres pays et régions pour développer et mettre en œuvre leurs propres stratégies et initiatives d'e-démocratie, en tenant compte de leurs besoins, de leurs capacités et de leurs aspirations spécifiques.

6.3 Les approches asiatiques et la démocratie consultative en ligne

En Asie, plusieurs pays ont adopté des approches novatrices pour l'e-démocratie, en mettant l'accent sur la démocratie consultative en ligne. La démocratie consultative en ligne consiste à solliciter l'opinion des citoyens sur des questions spécifiques à travers des plateformes numériques, et à intégrer leurs commentaires et suggestions dans les processus de prise de décision. Voici quelques exemples marquants d'initiatives asiatiques d'e-démocratie :

6.3.1 e-People en Corée du Sud

La Corée du Sud a mis en place le système e-People, une plateforme en ligne qui permet aux citoyens de soumettre des suggestions, des demandes et des plaintes aux autorités publiques et d'obtenir des réponses et des solutions en temps opportun. e-People encourage la communication bidirectionnelle entre les citoyens et les fonctionnaires et favorise la transparence, la responsabilité et la satisfaction des citoyens. Le système e-People illustre une approche consultative de l'e-démocratie, où les citoyens sont activement impliqués dans l'amélioration des politiques et des services publics.

6.3.2 i-Voting en Estonie

L'Estonie est un leader mondial en matière de e-gouvernement et d'e-démocratie, ayant introduit le vote électronique (i-Voting) pour les élections nationales et locales en 2005. Le système i-Voting permet aux citoyens estoniens de voter à distance à l'aide de leurs cartes d'identité électroniques et de leurs dispositifs de signature numérique, en garantissant la sécurité, l'anonymat et la vérifiabilité des votes. L'i-Voting est un exemple de démocratie consultative en ligne qui facilite l'accès, la participation et la confiance des citoyens dans les processus électoraux et démocratiques.

6.3.3 vTaiwan à Taïwan

vTaiwan est une plateforme en ligne de délibération et de consultation publique créée à Taïwan pour impliquer les citoyens dans la formulation et la révision des politiques et des régulations liées aux technologies numériques et à la société de l'information. vTaiwan utilise des outils et des méthodes de délibération en ligne, tels que les forums de discussion, les sondages et les webinaires, pour faciliter le dialogue, la négociation et le consensus entre les citoyens, les experts, les fonctionnaires et les parties prenantes sur des questions complexes et controversées, telles que la protection des données, la neutralité du net et l'économie du partage. vTaiwan est un exemple de démocratie consultative en ligne qui renforce la légitimité, la qualité et la durabilité des décisions et des actions publiques.

6.3.4 e-Consultation en Inde

L'Inde a lancé plusieurs initiatives de e-Consultation pour encourager les citoyens à donner leur avis sur les projets de politiques, de lois et de règlements à travers des plateformes numériques, telles que MyGov.in et PRS Legislative Research. Ces plateformes permettent aux citoyens de commenter, de critiquer et de proposer des modifications aux documents et aux propositions officielles, en contribuant à la transparence, à la diversité et à la profondeur des délibérations et des consultations publiques. Les e-Consultations en Inde sont un exemple d'approche consultative en ligne qui valorise l'expertise, l'expérience et l'engagement des citoyens dans la conception et la mise en œuvre des politiques et des régulations.

6.3.5 Consultations publiques en ligne à Singapour

Singapour a adopté une approche pragmatique et inclusive de l'e-démocratie, en utilisant des plateformes numériques pour mener des consultations publiques en ligne sur divers sujets, tels que l'éducation, la santé, l'environnement et la culture. Le gouvernement de Singapour a mis en place des portails tels que REACH (Reaching Everyone for Active

Citizenry @ Home) et le Budget Feedback Portal pour recueillir et analyser les commentaires et les suggestions des citoyens, et pour intégrer leurs préoccupations et leurs aspirations dans les politiques et les programmes nationaux. Les consultations publiques en ligne à Singapour sont un exemple de démocratie consultative en ligne qui favorise la participation, la consultation et la co-création entre les citoyens et les institutions.

Ces initiatives en Asie montrent comment l'e-démocratie et la démocratie consultative en ligne peuvent être déployées et adaptées dans différentes cultures, traditions et contextes politiques, en tirant parti des technologies numériques pour améliorer la communication, la collaboration et la confiance entre les citoyens, les gouvernements et les autres acteurs de la gouvernance. Les expériences et les leçons tirées de ces projets et plateformes peuvent également éclairer et inspirer les efforts d'autres pays et régions pour développer et mettre en œuvre leurs propres stratégies et initiatives d'e-démocratie, en tenant compte de leurs besoins, de leurs capacités et de leurs aspirations spécifiques.

6.4 Les expériences africaines et la démocratie délibérative

L'Afrique a également connu un certain nombre d'initiatives novatrices en matière d'e-démocratie, en mettant l'accent sur la démocratie délibérative. La démocratie délibérative implique la discussion ouverte et réfléchie entre les citoyens sur des questions d'intérêt public, en vue de parvenir à un consensus ou à une décision éclairée. Voici quelques exemples notables d'initiatives d'e-démocratie en Afrique :

6.4.1 Ushahidi au Kenya

Ushahidi, qui signifie "témoignage" en swahili, est une plateforme de cartographie en ligne développée au Kenya pour recueillir et visualiser les informations fournies par les citoyens sur des événements et des incidents, tels que les violences électorales, les catastrophes naturelles et les violations des droits humains. Ushahidi utilise les SMS, les e-mails, les réseaux sociaux et les applications mobiles pour faciliter la communication, la collaboration et la coordination entre les citoyens, les organisations de la société civile, les médias et les autorités. Ushahidi illustre une approche délibérative de l'e-démocratie, où les citoyens sont activement impliqués dans la surveillance, la responsabilisation et la résolution des problèmes et des défis qui affectent leur vie et leur communauté.

6.4.2 Mzalendo au Kenya

Mzalendo, qui signifie "patriote" en swahili, est un site web indépendant qui vise à promouvoir la transparence, la responsabilité et la participation citoyenne dans le processus législatif et politique au Kenya. Mzalendo fournit des informations sur les députés, les projets de loi, les débats et les votes, et encourage les citoyens à suivre, à évaluer et à interagir avec leurs représentants élus et leurs institutions. Mzalendo représente une forme de démocratie délibérative qui permet aux citoyens de s'informer, de discuter et de s'engager dans les affaires publiques et de renforcer la légitimité et la performance du système démocratique.

6.4.3 BudgIT au Nigeria

BudgIT est une organisation non gouvernementale au Nigeria qui utilise les technologies de l'information et de la communication pour rendre les informations budgétaires et fiscales accessibles, compréhensibles et utilisables par les citoyens et les parties prenantes. BudgIT crée des infographies, des applications et des plateformes en ligne pour faciliter la visualisation, l'analyse et le débat sur les recettes, les dépenses et les performances du gouvernement, et pour encourager la participation, la responsabilité et la réforme dans la gestion des ressources publiques. BudgIT illustre une approche délibérative de l'e-démocratie, où les citoyens sont impliqués et habilités à influencer et à contrôler les choix et les résultats des politiques économiques et sociales.

6.4.4 Ma Voix au Mali

Ma Voix est un projet de radio communautaire et de plateforme numérique au Mali qui vise à donner la parole aux citoyens et aux groupes marginalisés dans les débats et les décisions sur les enjeux locaux et nationaux. Ma Voix utilise la radio, les SMS, les réseaux sociaux et les technologies mobiles pour recueillir et diffuser les opinions, les préoccupations et les propositions des citoyens sur des questions telles que l'éducation, la santé, l'emploi et la sécurité. Ma Voix favorise la démocratie délibérative en offrant un espace et un support pour le dialogue, l'échange et l'écoute entre les différentes voix et perspectives de la société malienne.

6.4.5 Gouvernance participative en Afrique du Sud

L'Afrique du Sud a mis en place plusieurs mécanismes de gouvernance participative, tels que les comités de développement local et les forums communautaires, pour associer les citoyens et les groupes de la société civile à la planification, au suivi et à l'évaluation des politiques et des programmes publics. Ces mécanismes sont complétés par des plateformes numériques, telles que GovChat et Dear South Africa, qui permettent aux citoyens de donner leur avis et de dialoguer avec les élus et les fonctionnaires sur des questions d'intérêt public. La gouvernance participative en Afrique du Sud illustre une approche délibérative de l'e-démocratie, qui vise à renforcer la représentativité, la responsabilité et la réactivité des institutions démocratiques et de développement.

Ces expériences africaines montrent comment l'e-démocratie et la démocratie délibérative peuvent être développées et adaptées dans des contextes divers et variés, en utilisant des technologies numériques pour faciliter la participation, la consultation et la co-création entre les citoyens et les institutions. Les leçons tirées de ces projets et plateformes peuvent également éclairer et inspirer les efforts d'autres pays et régions pour développer et mettre en œuvre leurs propres stratégies et initiatives d'e-démocratie, en tenant compte de leurs besoins, de leurs capacités et de leurs aspirations spécifiques.

7 PERSPECTIVES ET AVENIR DE L'E-DEMOCRATIE

7.1 Les innovations technologiques et leurs implications

Les innovations technologiques jouent un rôle clé dans l'évolution de l'e-démocratie. En intégrant de nouvelles technologies, les plateformes et les initiatives d'e-démocratie peuvent offrir des moyens plus efficaces et inclusifs pour faciliter la participation citoyenne, la transparence gouvernementale et la responsabilité. Voici quelques innovations technologiques et leurs implications pour l'e-démocratie :

7.1.1 L'intelligence artificielle (IA)

L'intelligence artificielle peut être utilisée pour analyser de grandes quantités de données et pour automatiser les processus décisionnels. Dans le contexte de l'e-démocratie, l'IA peut aider à identifier les tendances et les préoccupations des citoyens, à faciliter les délibérations en ligne et à personnaliser les services publics en fonction des besoins et des préférences des utilisateurs. Cependant, l'IA soulève également des questions éthiques et juridiques, telles que la protection des données personnelles, la discrimination algorithmique et la responsabilité des décisions automatisées.

7.1.2 La blockchain

La blockchain est une technologie de registre distribué qui permet de sécuriser et de vérifier les transactions et les données de manière décentralisée et transparente. La blockchain peut être utilisée pour améliorer la sécurité, la traçabilité et la fiabilité des processus de vote électronique, de consultation en ligne et de délibération collective. Néanmoins, la blockchain présente des défis en termes d'évolutivité, de confidentialité et d'interopérabilité avec les systèmes existants.

7.1.3 L'Internet des objets (IoT)

L'Internet des objets est un réseau de dispositifs connectés et de capteurs qui collectent, transmettent et traitent les données en temps réel.

L'IoT peut soutenir l'e-démocratie en permettant aux citoyens de surveiller et de contrôler les infrastructures, les services et les environnements publics, et en fournissant des informations précises, opportunes et pertinentes pour la prise de décision et la résolution de problèmes. Toutefois, l'IoT pose également des risques en termes de sécurité, de confidentialité et de dépendance technologique.

7.1.4 Les réseaux sociaux et les plateformes collaboratives

Les réseaux sociaux et les plateformes collaboratives offrent des espaces en ligne pour la communication, la connexion et la création entre les individus et les groupes. Ces plateformes peuvent renforcer l'e-démocratie en favorisant la participation, la consultation et la co-création entre les citoyens, les gouvernements et les autres acteurs. Cependant, les réseaux sociaux et les plateformes collaboratives peuvent également exacerber la polarisation, la désinformation et la manipulation de l'opinion publique.

7.1.5 La réalité virtuelle (VR) et la réalité augmentée (AR)

La réalité virtuelle et la réalité augmentée sont des technologies immersives qui permettent aux utilisateurs d'interagir avec des environnements et des objets numériques de manière réaliste et intuitive. La VR et l'AR peuvent enrichir l'expérience de l'e-démocratie en facilitant les simulations, les visualisations et les interactions en 3D pour les débats, les consultations et les formations. Elles peuvent également aider à surmonter les barrières géographiques et socioéconomiques en offrant un accès virtuel aux espaces et aux ressources démocratiques. Toutefois, la VR et l'AR présentent également des défis en matière de coût, d'accessibilité et d'acceptation sociale.

7.1.6 La 5G et les futures générations de réseaux mobiles

La 5G, et les futures générations de réseaux mobiles, promettent d'offrir une connectivité plus rapide, plus fiable et plus réactive. Ces avancées technologiques peuvent soutenir l'e-démocratie en permettant des services en temps réel, des applications interactives et des dispositifs connectés pour les citoyens, les gouvernements et les organisations. Cependant, le déploiement et l'adoption de la 5G et des technologies émergentes nécessitent des investissements, des régulations et des partenariats appropriés pour garantir une couverture et une accessibilité équitables.

7.1.7   L'analyse des mégadonnées (big data)

L'analyse des mégadonnées implique l'extraction, le traitement et la visualisation d'informations à partir de vastes ensembles de données structurées et non structurées. L'analyse des mégadonnées peut améliorer l'e-démocratie en identifiant les modèles, les tendances et les relations entre les variables démographiques, économiques et sociales, et en éclairant les décisions et les politiques basées sur des preuves. Néanmoins, l'analyse des mégadonnées soulève également des préoccupations en matière de vie privée, d'éthique et de gouvernance des données.

Ces innovations technologiques ont le potentiel de transformer l'e-démocratie et d'élargir les possibilités de participation, de délibération et de gouvernance pour les citoyens, les gouvernements et les autres acteurs. Toutefois, il est essentiel d'aborder les défis et les dilemmes associés à ces technologies, tels que l'équité, la sécurité, la transparence et la durabilité, afin de garantir que l'e-démocratie demeure inclusive, éthique et résiliente face aux changements technologiques et sociaux.

7.2 L'évolution des comportements et des attentes citoyennes

L'évolution des comportements et des attentes des citoyens a un impact considérable sur l'e-démocratie. Les changements socioculturels, les avancées technologiques et les expériences démocratiques influencent la manière dont les individus et les groupes participent, interagissent et évaluent les processus et les institutions démocratiques. Voici quelques tendances clés qui façonnent les comportements et les attentes citoyennes dans le contexte de l'e-démocratie :

7.2.1 L'individualisation et la personnalisation

Les citoyens sont de plus en plus habitués à des expériences individualisées et personnalisées dans leur vie quotidienne, grâce à la prolifération des médias numériques, des réseaux sociaux et des services en ligne. Ils attendent désormais que les gouvernements et les institutions démocratiques adoptent une approche similaire, en offrant des services publics et des opportunités de participation adaptées à leurs besoins, leurs préférences et leurs compétences. L'e-démocratie doit tenir compte de cette tendance en proposant des interfaces et des mécanismes flexibles, interactifs et centrés sur l'utilisateur.

7.2.2 L'empowerment et l'autonomie

Les citoyens aspirent de plus en plus à jouer un rôle actif et créatif dans la prise de décision, la résolution de problèmes et la transformation sociale. Ils cherchent à exprimer leurs idées, leurs valeurs et leurs aspirations, et à influencer les politiques et les programmes qui affectent leur vie et leur communauté. L'e-démocratie doit répondre à cette aspiration en fournissant des espaces et des outils pour la délibération, la collaboration et la co-création entre les citoyens, les gouvernements et les autres parties prenantes.

7.2.3   La transparence et la responsabilité

Les citoyens exigent de plus en plus de transparence et de responsabilité de la part des gouvernements et des institutions démocratiques, en particulier en ce qui concerne l'utilisation des ressources publiques, la gestion des conflits d'intérêts et la lutte contre la corruption. Ils attendent que les acteurs publics et privés rendent des comptes sur leurs actions, leurs engagements et leurs résultats, et qu'ils soient ouverts au contrôle, au dialogue et à l'apprentissage. L'e-démocratie doit intégrer ces principes et ces normes en assurant la disponibilité, l'accessibilité et l'utilisabilité des informations et des données pertinentes pour les citoyens et les parties prenantes.

7.2.4   La diversité et l'inclusion

Les citoyens reconnaissent et valorisent de plus en plus la diversité et l'inclusion comme des sources de richesse, de créativité et de résilience pour les sociétés démocratiques. Ils souhaitent que les processus et les institutions de l'e-démocratie reflètent et respectent les différences de genre, d'âge, d'origine, de culture, de religion et de capacité, et qu'ils favorisent l'égalité des chances, la justice sociale et la cohésion communautaire. L'e-démocratie doit aborder ces enjeux en développant des stratégies et des mécanismes adaptés pour atteindre, mobiliser et soutenir les groupes et les individus marginalisés, vulnérables et sous-représentés.

7.2.5   La confiance et la crédibilité

La confiance et la crédibilité sont des éléments essentiels pour le fonctionnement et la légitimité de l'e-démocratie. Les citoyens sont de plus en plus préoccupés par les fake news, la manipulation de l'information, la polarisation politique et les atteintes à la vie privée, qui peuvent miner leur foi dans les processus démocratiques et les institutions. Ils attendent que l'e-démocratie mette en place des garanties et des mécanismes pour protéger l'intégrité, l'impartialité et la sécurité des communications, des données et des décisions en ligne, et pour promouvoir l'éducation, la sensibilisation et la responsabilité numérique des citoyens et des acteurs.

7.2.6 L'équilibre entre le local et le global

Les citoyens sont de plus en plus conscients de la complexité et de l'interdépendance des problèmes et des solutions qui traversent les frontières locales, nationales et internationales, tels que le changement climatique, les migrations, la santé publique et la gouvernance mondiale. Ils souhaitent que l'e-démocratie facilite et renforce la coopération, le dialogue et la solidarité entre les acteurs et les communautés à différents niveaux et contextes, tout en respectant et en valorisant les identités, les traditions et les aspirations locales. L'e-démocratie doit trouver un équilibre entre ces dimensions en concevant et en adaptant des initiatives, des plateformes et des réseaux multiscalaires et multiculturels.

En conclusion, l'e-démocratie doit évoluer et innover en réponse aux comportements et aux attentes changeantes des citoyens, en cherchant à les impliquer, les émanciper et les responsabiliser, tout en préservant et en renforçant les valeurs, les principes et les institutions démocratiques. Cela implique un engagement constant, une réflexion critique et une collaboration entre les citoyens, les gouvernements, les organisations et les experts, pour co-créer et co-évaluer des solutions et des pratiques qui soient à la fois technologiquement avancées, socialement pertinentes et politiquement légitimes.

7.3 La gouvernance mondiale et la coopération internationale

Dans le contexte de la mondialisation et de l'interconnexion croissante des enjeux mondiaux, l'e-démocratie peut jouer un rôle crucial dans la promotion de la gouvernance mondiale et de la coopération internationale. Les processus démocratiques numériques offrent de nouvelles opportunités pour les acteurs et les institutions aux niveaux local, national et international de travailler ensemble, de partager des informations et de prendre des décisions éclairées. Voici quelques aspects clés de la gouvernance mondiale et de la coopération internationale dans le domaine de l'e-démocratie :

7.3.1 Le partage des connaissances et des bonnes pratiques

L'e-démocratie permet un partage plus facile et plus rapide des connaissances, des innovations et des bonnes pratiques entre les acteurs et les institutions à travers le monde. Les plateformes numériques, les réseaux sociaux et les forums en ligne offrent des espaces pour l'échange d'expériences, de recherches et de leçons apprises sur des sujets tels que la participation citoyenne, la délibération publique, la transparence gouvernementale et la responsabilité sociale. La coopération internationale dans ce domaine peut contribuer à renforcer la capacité et la qualité des initiatives d'e-démocratie dans différents contextes et cultures.

7.3.2 Les partenariats et les alliances transnationales

L'e-démocratie facilite la formation et le renforcement de partenariats et d'alliances transnationales entre les gouvernements, les organisations non gouvernementales, les entreprises, les universités et les citoyens. Ces partenariats et alliances peuvent aborder des questions et des défis communs tels que la régulation des technologies numériques, la protection des droits de l'homme, la gestion des crises et la promotion du développement durable. Ils peuvent également soutenir et influencer les processus et les institutions de gouvernance mondiale, tels que les Nations Unies, l'Union européenne et le G20, en intégrant les voix et les perspectives des acteurs non étatiques et des communautés locales.

7.3.3 La diplomatie numérique et la communication interculturelle

L'e-démocratie offre de nouveaux outils et canaux pour la diplomatie numérique et la communication interculturelle, en permettant aux acteurs et aux institutions de s'engager, de dialoguer et de négocier en ligne sur des questions et des intérêts bilatéraux, régionaux et mondiaux. Les réseaux sociaux, les messageries instantanées, les visioconférences et les traducteurs automatiques peuvent faciliter la compréhension mutuelle, la confiance et le respect entre les parties prenantes, ainsi que la diffusion et l'adaptation des valeurs, des normes et des modèles démocratiques à travers les frontières et les cultures.

7.3.4 Les projets et les initiatives communes

L'e-démocratie peut soutenir et coordonner des projets et des initiatives communes entre les acteurs et les institutions de différents pays et régions, en utilisant des plateformes et des outils numériques pour planifier, mettre en œuvre, suivre et évaluer les activités et les résultats. Les exemples de projets et d'initiatives communes pourraient inclure la recherche collaborative sur les technologies et les politiques d'e-démocratie, le développement de normes et de protocoles internationaux pour la sécurité et la confidentialité des données, la création de réseaux d'experts et de praticiens dans le domaine de la participation citoyenne et la gouvernance ouverte, et la mise en place de programmes de formation et de renforcement des capacités pour les acteurs et les institutions impliqués dans les processus démocratiques numériques.

7.3.5 La mobilisation des ressources et des financements

L'e-démocratie peut contribuer à la mobilisation des ressources et des financements pour la gouvernance mondiale et la coopération internationale, en facilitant la coordination, la communication et la transparence entre les donateurs, les bénéficiaires et les partenaires. Les plateformes de crowdfunding, les bases de données en ligne et les systèmes de suivi et de reporting peuvent aider à identifier, à prioriser et à financer des projets et des initiatives dans des domaines tels que la démocratie, les droits de l'homme, l'environnement, la santé, l'éducation et la culture. L'e-démocratie peut également stimuler l'innovation et l'efficacité dans l'utilisation et l'allocation des ressources et des financements, en encourageant la participation, la concurrence et la collaboration entre les acteurs et les institutions.

7.3.6 L'adaptation et la résilience aux défis mondiaux

L'e-démocratie peut aider les acteurs et les institutions à s'adapter et à résister aux défis mondiaux tels que les crises politiques, économiques, environnementales et sanitaires, en fournissant des informations, des analyses et des scénarios en temps réel et en facilitant la prise de décision collective, la coordination et l'apprentissage. Les technologies numériques et les réseaux sociaux peuvent permettre aux citoyens, aux gouvernements, aux organisations et aux experts de surveiller, de signaler et de répondre rapidement et efficacement aux menaces et aux opportunités, en échangeant des alertes, des conseils et des solutions à travers les frontières et les secteurs.

En somme, l'e-démocratie a un rôle essentiel à jouer dans la gouvernance mondiale et la coopération internationale, en offrant des outils, des plateformes et des réseaux pour connecter, informer et responsabiliser les acteurs et les institutions à différents niveaux et contextes. Cela nécessite une vision, un engagement et une collaboration étroits entre les gouvernements, les organisations, les entreprises, les universités et les citoyens pour co-créer et co-évaluer des stratégies, des politiques et des pratiques qui soient à la fois technologiquement avancées, socialement pertinentes et politiquement légitimes.

8 CONCLUSION

8.1 Les leçons apprises et les bonnes pratiques

Au fil des années, diverses expériences d'e-démocratie ont été mises en œuvre dans différents contextes et pays, offrant des enseignements précieux et des bonnes pratiques pour les futurs développements et initiatives. Voici quelques leçons apprises et bonnes pratiques issues de ces expériences :

8.1.1 La conception centrée sur l'utilisateur

Les initiatives d'e-démocratie doivent être conçues en tenant compte des besoins, des préférences et des capacités des utilisateurs finaux, c'est-à-dire les citoyens, les gouvernements, les organisations et les autres acteurs impliqués. Cela implique de mener des recherches, des enquêtes et des tests auprès des utilisateurs pour comprendre leurs attentes, leurs motivations et leurs défis, et de concevoir des plateformes, des services et des contenus qui soient accessibles, conviviaux, attractifs et pertinents. La conception centrée sur l'utilisateur favorise l'engagement, la satisfaction et la fidélisation des participants et contribue à la réussite et à la durabilité des initiatives d'e-démocratie.

8.1.2 La transparence et la responsabilité

Les initiatives d'e-démocratie doivent être transparentes et responsables dans leurs objectifs, leurs méthodes, leurs résultats et leurs impacts. Cela signifie de communiquer clairement et ouvertement les règles, les critères, les processus et les évaluations des consultations, des délibérations, des votes et des décisions en ligne, et de fournir des mécanismes et des instances pour le suivi, le contrôle, la rétroaction et la réclamation des participants et des parties prenantes. La transparence et la responsabilité renforcent la confiance, la crédibilité et la légitimité des initiatives d'e-démocratie et contribuent à prévenir et à résoudre les conflits, les malentendus et les abus.

8.1.3 La participation inclusive et diversifiée

Les initiatives d'e-démocratie doivent s'efforcer d'atteindre et d'impliquer un large éventail de citoyens et d'acteurs, en prenant en compte les différences et les inégalités en termes d'âge, de genre, de race, de classe, de culture, de langue, de compétence numérique et de mobilité. Cela nécessite d'adopter des stratégies et des mécanismes adaptés pour atteindre, mobiliser et soutenir les groupes et les individus marginalisés, vulnérables et sous-représentés, et de promouvoir la diversité et l'équité des opinions, des valeurs et des intérêts exprimés et débattus en ligne. La participation inclusive et diversifiée enrichit et équilibre les discussions, les choix et les résultats de l'e-démocratie et contribue à renforcer la cohésion sociale et la justice démocratique.

8.1.4 La formation et l'éducation civique

Les initiatives d'e-démocratie doivent être accompagnées de programmes et de ressources de formation et d'éducation civique pour les citoyens, les gouvernements, les organisations et les autres acteurs impliqués. Ces programmes et ressources doivent viser à développer les compétences, les connaissances et les attitudes nécessaires pour participer efficacement et éthiquement aux processus d'e-démocratie, tels que la communication, la négociation, la collaboration, la pensée critique, l'empathie et la citoyenneté numérique. La formation et l'éducation civique peuvent être offertes sous diverses formes et canaux, tels que les ateliers, les cours en ligne, les jeux, les guides, les tutoriels et les mentors. La formation et l'éducation civique renforcent la qualité, la pertinence et l'impact des contributions et des interactions des participants dans l'e-démocratie et contribuent à cultiver une culture et une identité démocratiques partagées.

8.1.5 L'évaluation et l'apprentissage continu

Les initiatives d'e-démocratie doivent être soumises à une évaluation et un apprentissage continus pour mesurer, analyser et améliorer leur performance, leur efficacité et leur innovation. Cela implique de définir des indicateurs et des méthodes pour suivre, comparer et interpréter les données et les tendances relatives aux activités, aux résultats et aux impacts de l'e-démocratie, et de partager et discuter les enseignements, les bonnes pratiques et les défis avec les participants, les parties prenantes et les pairs. L'évaluation et l'apprentissage continus permettent aux initiatives d'e-démocratie de s'adapter et de se renouveler face aux changements et aux demandes du contexte et des utilisateurs, et de contribuer à l'avancement et à la diffusion de la connaissance et de l'expérience dans le domaine de l'e-démocratie.

8.1.6 La coopération et la synergie intersectorielle

Les initiatives d'e-démocratie doivent chercher à établir et à renforcer la coopération et la synergie entre les différents secteurs et domaines de la société, tels que les gouvernements, les organisations, les entreprises, les universités et les citoyens. Cela peut se faire par la création de partenariats, de réseaux, de projets et d'échanges multidisciplinaires et interculturels, qui combinent et complètent les ressources, les compétences, les perspectives et les innovations de divers acteurs et institutions. La coopération et la synergie intersectorielles favorisent la créativité, l'efficacité et la durabilité des initiatives d'e-démocratie et contribuent à créer un environnement et un écosystème favorables à la participation citoyenne et à la gouvernance ouverte.

En résumé, les leçons apprises et les bonnes pratiques des expériences d'e-démocratie soulignent l'importance de la conception centrée sur l'utilisateur, de la transparence et de la responsabilité, de la participation inclusive et diversifiée, de la formation et de l'éducation civique, de l'évaluation et de l'apprentissage continus, et de la coopération et de la synergie intersectorielles pour assurer le succès, l'innovation et la légitimité des initiatives d'e-démocratie. Ces principes et ces recommandations peuvent servir de base et de référence pour les décideurs, les praticiens, les chercheurs et les citoyens intéressés par la promotion et la réalisation de l'e-démocratie à l'échelle locale, nationale et mondiale.

8.1.7   L'importance de la législation et des politiques publiques

Les initiatives d'e-démocratie doivent être soutenues et encadrées par des lois et des politiques publiques adaptées, qui établissent les droits, les obligations, les normes et les mécanismes pour la participation citoyenne et la gouvernance numérique. Ces lois et politiques publiques doivent être élaborées et révisées en consultation et en concertation avec les citoyens, les gouvernements, les organisations, les entreprises et les experts concernés, et doivent tenir compte des principes et des valeurs de la démocratie, de l'éthique, de la diversité, de l'équité et de la durabilité. La législation et les politiques publiques en matière d'e-démocratie contribuent à créer un cadre juridique et institutionnel propice au développement, à la mise en œuvre et à l'évaluation des initiatives d'e-démocratie et à la protection et au renforcement des droits et des intérêts des participants et des parties prenantes.

8.1.8   La communication et la sensibilisation

Les initiatives d'e-démocratie doivent être accompagnées de campagnes et d'actions de communication et de sensibilisation pour informer, motiver et engager les citoyens, les gouvernements, les organisations et les autres acteurs dans les processus et les enjeux de l'e-démocratie. Ces campagnes et actions doivent utiliser des messages, des images, des récits et des médias adaptés et attrayants, qui reflètent et valorisent les identités, les cultures, les langues et les aspirations des différents publics et communautés. La communication et la sensibilisation contribuent à augmenter la visibilité, la compréhension et l'appropriation de l'e-démocratie et à stimuler la participation, le dialogue et la mobilisation des citoyens et des parties prenantes.

En intégrant ces leçons apprises et bonnes pratiques dans les initiatives d'e-démocratie, il est possible de créer des expériences plus significatives et impactantes pour les citoyens et les acteurs impliqués. En développant l'e-démocratie avec ces principes à l'esprit, nous pouvons construire des sociétés plus ouvertes, inclusives et démocratiques, capables de répondre aux défis et aux opportunités du 21e siècle.

8.2 Les défis à relever pour une e-démocratie réussie

Les défis à relever pour une e-démocratie réussie sont nombreux et variés, reflétant les complexités et les incertitudes du monde numérique et démocratique. Voici quelques-uns des défis clés qui doivent être pris en compte et surmontés pour garantir une mise en œuvre efficace et durable de l'e-démocratie :

8.2.1 L'accès et l'inclusion numériques

L'e-démocratie repose sur l'accès généralisé et équitable aux technologies numériques et à Internet, ainsi que sur la capacité et la confiance des citoyens à utiliser ces outils pour participer aux processus démocratiques. Les gouvernements, les organisations, les entreprises et les communautés doivent travailler ensemble pour combler les fossés numériques et socio-économiques, promouvoir l'alphabétisation et l'éducation numériques, et développer des infrastructures et des services numériques accessibles, abordables et conviviaux pour tous les citoyens, en particulier les groupes marginalisés et vulnérables.

8.2.2 La sécurité et la confidentialité des données

L'e-démocratie implique la collecte, le stockage, le traitement, le partage et l'analyse d'une grande quantité de données personnelles et sensibles, ce qui soulève des préoccupations et des risques en matière de sécurité et de confidentialité des données. Les acteurs de l'e-démocratie doivent adopter et appliquer des normes, des protocoles et des mesures de sécurité et de confidentialité rigoureux, ainsi que des mécanismes de contrôle et de responsabilisation, pour protéger les données et les droits des participants et des parties prenantes et pour prévenir et répondre aux menaces et aux violations potentielles.

8.2.3 La désinformation et la manipulation de l'information

L'e-démocratie est vulnérable à la propagation de fausses

nouvelles, de rumeurs, de théories du complot et de discours de haine, ainsi qu'à la manipulation de l'information et de l'opinion publique par des acteurs malveillants ou opportunistes. Les acteurs de l'e-démocratie doivent s'efforcer de promouvoir et de renforcer l'éducation aux médias, la pensée critique, la vérification des faits, la transparence et l'intégrité de l'information, et la régulation et la responsabilisation des plateformes et des médias numériques, afin de préserver la qualité, la crédibilité et la pluralité des sources et des contenus d'information et de délibération démocratique.

8.2.4   La représentativité et la légitimité démocratique

L'e-démocratie doit garantir que les voix et les intérêts de tous les citoyens et les groupes de la société sont écoutés, pris en compte et reflétés dans les décisions et les politiques publiques, sans discrimination ni favoritisme. Les acteurs de l'e-démocratie doivent veiller à ce que les processus et les résultats de l'e-démocratie soient représentatifs, transparents, responsables, participatifs, délibératifs et consensuels, et qu'ils respectent et renforcent les principes et les valeurs démocratiques, ainsi que les droits et les obligations des citoyens et des institutions

8.2.5   La participation et l'engagement des citoyens

La réussite de l'e-démocratie dépend de la volonté et de la capacité des citoyens à s'impliquer activement et durablement dans les processus démocratiques en ligne. Les acteurs de l'e-démocratie doivent concevoir et mettre en œuvre des stratégies et des outils de communication, de mobilisation, de formation et de soutien qui encouragent et facilitent la participation et l'engagement des citoyens, en tenant compte de leurs besoins, de leurs attentes, de leurs compétences et de leurs contraintes. Ils doivent également chercher à établir des liens et des synergies entre l'e-démocratie et les formes traditionnelles de démocratie, afin de créer un écosystème démocratique intégré et cohérent.

8.2.6 La coordination et la coopération entre les acteurs

L'e-démocratie implique une diversité d'acteurs et de parties prenantes, tels que les gouvernements, les institutions, les organisations non gouvernementales, les entreprises, les fournisseurs de services numériques, les chercheurs, les médias et les citoyens, qui ont des rôles, des responsabilités, des intérêts et des perspectives différents et parfois contradictoires. Les acteurs de l'e-démocratie doivent établir et maintenir des mécanismes et des espaces de coordination, de dialogue, de concertation, de négociation, de coopération et de partenariat, afin d'harmoniser et d'optimiser leurs efforts, leurs ressources, leurs connaissances et leurs innovations pour le développement, la mise en œuvre et l'évaluation de l'e-démocratie.

8.2.7 L'adaptation et l'innovation constantes

L'e-démocratie évolue rapidement et de manière imprévisible, en réponse aux changements technologiques, sociaux, politiques et économiques, aux défis et aux opportunités, aux leçons apprises et aux bonnes pratiques, ainsi qu'aux aspirations et aux demandes des citoyens et des parties prenantes. Les acteurs de l'e-démocratie doivent être prêts et disposés à adapter, à améliorer, à diversifier, à expérimenter et à innover leurs approches, leurs méthodes, leurs instruments et leurs modèles d'e-démocratie, en fonction des contextes, des tendances, des retours d'expérience et des évaluations, et en dialogue et en collaboration avec les autres acteurs et les bénéficiaires de l'e-démocratie.

En abordant et en surmontant ces défis, l'e-démocratie peut réaliser son potentiel de transformation et d'émancipation pour les citoyens, les gouvernements, les organisations et les communautés, et contribuer à construire des sociétés plus justes, plus inclusives et plus durables, capables de faire face aux enjeux et aux incertitudes du 21e siècl

REMERCIEMENTS

Je tiens à exprimer ma profonde gratitude à toutes les personnes qui ont contribué à la réalisation de ce livre sur l'e-démocratie. Sans leur soutien, leurs encouragements et leurs précieux conseils, ce projet n'aurait pas été possible.

Tout d'abord, je remercie ma famille, et mes amis, qui ont toujours été à mes côtés, m'encourageant à poursuivre mes passions et mes intérêts. Leur amour et leur soutien inconditionnels ont été un pilier essentiel tout au long de ce projet.

Je tiens également à remercier mes collègues, qui m'ont inspiré par leur dévouement et leur engagement envers la communauté. Leur esprit de service et de solidarité a été une source d'inspiration constante pour moi et a renforcé ma conviction que nous avons tous un rôle à jouer dans la construction d'un avenir meilleur.

Un grand merci aux nombreux chercheurs, experts et praticiens qui ont partagé leurs connaissances et leur expérience sur l'e-démocratie. Leurs travaux ont été une ressource précieuse et ont grandement contribué à enrichir le contenu de ce livre.

Enfin, je remercie tous les lecteurs qui ont choisi de se plonger dans cet ouvrage. J'espère qu'il contribuera à éclairer, à inspirer et à susciter un débat constructif sur l'avenir de la démocratie à l'ère numérique

À PROPOS DE L'AUTEUR

Passionné par les technologies numériques et leur impact sur la société. Bien que mon métier principal m'amène à protéger et à servir ma communauté en cas d'urgence, j'ai toujours été fasciné par le potentiel des innovations technologiques pour transformer le monde qui l'entoure.

Au fil des ans, j'ai suivi de près l'évolution des technologies numériques et m'est intéressé à la manière dont elles pourraient être utilisées pour améliorer la démocratie et l'engagement citoyen. Lorsque des événements majeurs en France ont mis en lumière les défis et les opportunités auxquels la démocratie est confrontée, j'ai décidé qu'il était temps d'agir et de proposer des solutions pour un avenir meilleur.

Ce livre est le fruit de ma passion pour la technologie et ma volonté d'utiliser mon expérience et mes connaissances pour contribuer au débat sur l'e-démocratie. J'ai réalisé des recherches approfondies et a rassemblé des idées et des exemples du monde entier pour offrir une perspective éclairée et nuancée sur les défis et les opportunités liés à l'e-démocratie.

J'espère que cet ouvrage inspirera les lecteurs à envisager de nouvelles façons d'aborder la démocratie et la participation citoyenne à l'ère numérique. Je crois fermement que les technologies numériques ont le pouvoir de renforcer nos systèmes démocratiques et de créer un avenir plus inclusif et équitable pour tous.

Crédits

Titre : La E-démocratie : Repenser la participation citoyenne à l'ère numérique

Auteur : J.THIBAUT

Direction artistique et conception graphique : J.THIBAUT

Illustrations: @jth

ISBN : 9798389117310

© 2023, J.THIBAUT, Tous droits réservés.

Ce livre a été publié par AMAZON - http://www.amazon.fr

Aucune partie de cette publication ne peut être reproduite, stockée dans un système de récupération d'information ou transmise sous quelque forme ou par quelque moyen que ce soit, électronique, mécanique, photocopie, enregistrement ou autre, sans l'autorisation écrite préalable de l'auteur et de l'éditeur.

Première édition : Avril 2023

DISCLAIMER

LES INFORMATIONS CONTENUES DANS CET OUVRAGE SONT BASEES SUR LES RECHERCHES ET LES CONNAISSANCES DISPONIBLES JUSQU'EN SEPTEMBRE 2021. IL EST POSSIBLE QUE CERTAINES DONNEES OU SOURCES AIENT EVOLUE DEPUIS.

CET OUVRAGE EST DESTINE A INFORMER ET A SUSCITER LA REFLEXION SUR LA E-DEMOCRATIE ET SES ENJEUX. IL NE PRETEND PAS OFFRIR UNE VISION EXHAUSTIVE NI ETRE UNE SOURCE D'EXPERTISE ABSOLUE. LES OPINIONS ET LES ANALYSES EXPRIMEES DANS CE LIVRE SONT CELLES DE L'AUTEUR.

LES LECTEURS SONT ENCOURAGES A EFFECTUER LEURS PROPRES RECHERCHES ET A VERIFIER LES INFORMATIONS PRESENTEES DANS CET OUVRAGE, EN PARTICULIER SI ELLES SOUHAITENT AGIR SUR LA BASE DE CES INFORMATIONS. L'AUTEUR NE PEUT ETRE TENUS RESPONSABLE DES ERREURS, DES OMISSIONS OU DES CONSEQUENCES RESULTANT DE L'UTILISATION DES INFORMATIONS CONTENUES DANS CE LIVRE.